本书为法治建设与法学理论研究

部级科研项目成果

法学新视角文丛
A Series of
New Perspectives on the Law

Timely trial in civil litigation
——Based on the study of
the relationship between pretrial and trial

民事诉讼中的适时审判

——基于对庭前程序与庭审程序关系的研究

欧元捷 著

人民法院出版社

图书在版编目（CIP）数据

民事诉讼中的适时审判 ： 基于对庭前程序与庭审程序关系的研究 / 欧元捷著. -- 北京 ： 人民法院出版社, 2024. 12. -- ISBN 978-7-5109-4318-8

Ⅰ. D925.118.4

中国国家版本馆CIP数据核字第20243H5A61号

民事诉讼中的适时审判

——基于对庭前程序与庭审程序关系的研究

欧元捷　著

策划编辑　兰丽专
责任编辑　丁塞峨　**执行编辑**　丁塞峨　杨晓燕　杨　洁　周　敏
封面设计　尹苗苗
出版发行　人民法院出版社
地　　址　北京市东城区东交民巷27号(100745)
电　　话　(010)67550656(责任编辑)　67550558(发行部查询)
　　　　　　65223677(读者服务部)
网　　址　http://www.courtbook.com.cn
E - mail　courtpress@sohu.com
印　　刷　三河市国英印务有限公司
经　　销　新华书店

开　　本　890毫米×1240毫米　A5
字　　数　180千字
印　　张　6.25
版　　次　2024年12月第1版　2024年12月第1次印刷
书　　号　ISBN 978-7-5109-4318-8
定　　价　49.00元

目　录

第一章
审理阶段论：庭前与庭审的二阶划分

第二章
判决基础论：判决的条件与方式

第三章
庭审功能论：事实辩明案件的证明程序

第四章
庭前价值论：反思庭前与庭审的二阶划分

第五章
适时判决论：审理程序的去中心化

第六章
庭前判决论：事实自明案件的程序出口

第一章

审理阶段论：庭前与庭审的二阶划分

民事争讼程序也被称为民事审判程序，在法学研究中存在“审判”或“审判权”的概念。通常来说，审判是以调整和解决社会关系上的利害冲突及纠纷为目的，由具有法律上权威的第三人依法作出具有约束力的判定。民事审判权是指审判机构对民事案件进行审理，并对事实认定、适用法律作出裁判以解决民事争议的权能。①

我国目前对审理与判决的理解还停留在初级阶段。首先，传统上对审判的理解侧重于法院的维度。理论上虽强调审判权与诉权是民事诉讼内部互相制约的两级——诉权是审判权行使的条件，审判权是行使诉权的结果，但是实务中，当事人的诉权因素往往被忽略。其次，由于传统上偏重法院视角，故其着重于审判权以及行使权力的方式，着重于过程和结果，而未认真审视对法院审判的外部期待，未足够重视诉权对审判权的推动与制约。最后，新时期下强调法院不单纯行使审判权，还要在审判中发挥综合性的纠纷解决功能，这种纠纷解决的新形势给“审”与“判”语义上带来的影响，尚未得到充分的考察。何谓法院审理，法院如何作出判决，构成本书的前提性问题。单单基于我国民事审判改革的历程，不难发现在各种语境、习惯中，“审”与“判”的用法并不总是统一的，由此也引发了与审判关系相关的种种思维困境。有鉴于此，本章聚焦于审理的内涵及程序。

---

① 参见王福华：《民事诉讼基本结构》，中国检察出版社 2002 年版，第 52 页。

第一节　何谓审理：法院获得信息的过程

对于民事诉讼审理的含义，我国学者曾作出过广义和狭义的区分：狭义的审理仅指开庭审理；广义的审理既包括开庭审理，也包括证据收集、证据交换、争点整理等开庭前各种事项的处理过程。① 从规范及制度上来看，狭义的概念理解在我国更具有普遍性，不过这直接造成了审理内涵的不当窄化，同时导致了开庭审理的概念泛化，继而进一步影响审判关系的定位。

一、内容多重：信息不限于事实

法院是审理的主体，这一点毋庸置疑，而法院作为纠纷事件之外的第三人，首要的工作就是从零开始认识本案纠纷，因此，可以概括地说，审理就是法院获得信息的过程。这里之所以用“信息”，而不用“事实”一词，是因为法院审理的内容既有事实的面向，又有价值的面向。如果说以事实为对象的审理是面向过去的，那么以价值发现为内容的审理则主要面向未来，即便纠纷解决的终点未必相同，但两者作为审理的内容在诉讼中是并行不悖的。

① 参见章武生等：《司法现代化与民事诉讼制度的建构》，法律出版社2000年版，第438页。

事实发现是法院审理的固有内容，法院需要获得“过去发生了什么”的信息，才能以纠纷的本来面貌为依据，给出相应的法律判断。无论是职权主义模式还是当事人主义模式，案件事实本不为法官所知晓，法官有必要从外界获取信息以描摹出事实的轮廓，尤其需要对裁判重要的事实形成内心确信。当事人负责提供诉讼资料，法院的审理则是对当事人提出的资料进行整理和转化：第一，当事人作出的纠纷事实的描述，未必契合法院适用法律所需的法律要件，若当事人提供的事实范围过大、内容繁杂，法院需从中筛拣出具有裁判意义的事实。第二，当事人双方提供的事实含混不清或者存在矛盾的，法院有必要基于裁判的需求加以明确。第三，现实中更为常见的情况是，当事人双方主张的事实有明显差异，在两造各执一词且相持不下时，法院必须通过证据程序进行事实认定，按照证据法的要求处理事实资料。

在事实发现之外，法院的审理也是一个价值发现的过程，法院可以在审理中探得双方当事人的纠纷解决需求，从而拓展纠纷解决方案的选项。现今，当事人诉诸法院未必代表纠纷必须经过争讼程序获得实体判决，双方在诉前可能还没有就争端及解决方案进行有效沟通。当事人的纠纷解决需求时常是模糊且多元的，法院层层梳理纠纷事实的过程，给予了当事人之间沟通和表达意愿的机会，而法院获得事实信息之同时，自然也能掌握当事人的纠纷解决倾向——或是追求快速解决纠纷，或是追求严格依照法律，或是倾向于财产补偿，或是倾向于精神损害赔偿。我国现有的法律规范和司法政策要求法官积极地履职，以提升和解或者调解的概率。因此，若认为民事审理的内容仅限于纠纷事实，则是将审理的现实内涵单一化了，法院在某些领域反而会将审理的重心向价值发现偏移。

实际上，法院审理的事实面向与价值面向是很难区分开的，就像具体的案件最终是必然走向审判，还是可以用替代性的方式化解，在法院审理之初并不好下断言。因此，可以说，法院是在相互竞争的解决方案中挑出一个方案，赋予其合法的评价。①

二、时空多维：审理不止是开庭

目前，存在对审理内涵的理解窄化的问题，体现为对审理的时空的理解——审理基本上被等同于开庭审理，开庭之前的程序被视为一种事务性的、不涉及审理的活动。从概念措辞来看，我国《民事诉讼法》第十二章第二节命名为“审理前准备”，其与同章第三节的“开庭审理”相对照，传达了立法上将“审理”与“开庭审理”等同之意。此外，在超职权主义审判模式下，法官在民事诉讼开庭前进行大量的谈话、调查，往往待处理意见形成之后才组织开庭，此做法被称为“先定后审”。这表明开庭前的种种职权活动未作为审理的一部分，所以才会认为定案发生在审理之前。

然而，审理的时空不应当仅仅局限于开庭，这一点在域外也得到普遍承认。在大陆法系国家，人们习惯于将诉讼从系属于法院之后到法院作出裁判这段过程称为审理过程，② 审理既包括庭审，也包括庭审前的程序。事实上，大陆法系原没有庭前程序与庭审程序的严格划分，整个民事诉讼程序从第一份文书开始，就致力于向裁决者提供案件信息。所有程序都旨在形成案件情况的完整档案，以便为最后的判决提供支撑。③

---

① 参见季卫东等：《中国的司法改革：制度变迁的路径依赖与顶层设计》，法律出版社 2016 年版，第 329 页。

② 参见章武生等：《司法现代化与民事诉讼制度的建构》，法律出版社 2000 年版，第 493 页。

③ Stephen Goldstein, The Anglo- American Jury System as Seen by an Outsider (Who Is a Former Insider), in The Clifford Chance Lectures Vol. 1: Bridging The Channel, Basil S. Markesinis ed., Oxford University Press 1996, p. 171.

在英美法系国家的民事诉讼中，审理是由诉答、庭审前程序和开庭审理三个阶段构成的。在美国，绝大部分的民事案件不进入庭审，但这不代表绝大多数的案件都未经过法院审理。美国法学界近几十年以来最具分量的议题之一便是“消失的庭审”，此概念可以追溯到 Samuel R. Gross 和 Kent D. Syverud 在 1996 年发表的论文。①

在我国有关民事审判方式改革的讨论中，有论者从强化庭审、走向法庭的角度出发，认为要根除庭审虚化的旧弊，就要贯彻公开、对席、直接、言词等基本原则，因此，法院的所有活动都应尽可能放到开庭这个“程序正当”的时空内，如此才能校正轻视程序的倾向。在这种认识下，庭审程序与庭前程序俨然成为一对内涵对立、价值相左的概念，前者意味着公开、充分程序保障、奉行当事人主义，后者则意味着非公开、欠缺程序保障、奉行职权主义。将这种认识置之于实践，会使开庭审理的内容发生膨胀，因为开庭既然被奉为正当程序，那么将越多的工作置于正当程序中，岂不就越可彰显审判的正义性？部分地方一度出现的“一步到庭”模式，即为例证。

事实上，法院自立案开始便可以接触到与纠纷相关的信息，基于审理的应有含义，法院审理其实自案件系属于法院之时就已经开始，并且持续存在于立案到结案之间。审理的时间与空间是多样的，开庭只是审理的一种形式、一个环节，是从证据调查和当事人辩论中获取信息的一种正式审理方式。现实中，法院获得的信息，既包括当事人口头提供的，也包括当事人书面提供的；有法院依职权调查所得的，也有法院因职务行为而知悉的，因此，法院获得信息的时空绝不仅限于开庭。总而言之，对审理时

---

① See Samuel R. Gross & Kent D. Syverud, Don't Try: Civil Jury Verdicts in a System Geared to Settlement, 44 UCLA L. REV. 1, 51 (1996).

空的理解不应过于狭窄，以至于完全限定于开庭。正因如此，下文将审前程序、审理前准备程序等不同称谓，统一为庭前程序。

第二节 审理程序二阶划分的传统

审理程序包含了法院接收案件信息的全过程，才有了以开庭为界限划分审理阶段的理论与实践。英美法系传统上将法院审理的过程分为庭前程序与庭审程序两个阶段，并对二者进行功能性的区分。二阶化的审理程序在英美法系民事诉讼改革中的发展流变，总体上体现为一个强化庭前程序作用的过程。

一、庭前程序的传统：英国民事庭前程序的历史沿革

英国法的发展是与欧洲大陆法系国家的法的发展相对独立的，受到罗马法的影响微弱，有着自己独特的历史发展轨迹。英国作为英美法系最初的源头和主要代表，其法律发展过程中最突出的特征就是普通法所具有的重要地位，而普通法又以遵循先例和严格的形式化为基本特征。

（一）普通法对民事诉讼程序的影响

普通法对民事诉讼程序的影响集中体现在三个方面，即令状制度、陪审团审理以及单一争点。令状制度要求原告的案件必须

符合王室命令的内容，否则其便不能到普通法院进行诉讼。令状是对原告提起诉讼的缘由和形式的基本要求，又由于每一种令状都对应着不同的诉讼程序，因此，令状制度决定了民事诉讼严格的形式性。陪审团的发展表明诉讼程序向着理性化、严谨化的方向演进。由于陪审团的成员大多是法律的“门外汉”，所以诉讼程序必须保证陪审团成员能够最大限度地免受专门法律问题的困扰，仅依据自己对案件审理过程的感知对事实问题作出判断。单一争点的要求是，原、被告双方必须借助庭审前的诉辩，将案件争议简化为单一的争点，否则案件将不能被提交给陪审团裁决。

不难看出，令状制度、单一争点与陪审团审理三者之间是存在逻辑联系的。严格的令状制度决定了诉讼程序的形式化和多样化，就必然要求原告的起诉应具体和单一，只有单一和具体的争议才能使令状的种类得以确定。另外，通过诉辩使争议简化成单一的争点与陪审团审理也是配套的。因为要求非专业的陪审团成员根据未经简化和明确的原始纠纷事实进行裁决，在效率上存在问题，在实体结果的正确性上也值得怀疑。

总之，普通法本身从程序中产生，又以自身的力量塑造和规制诉讼程序。严格的程序性和形式化是普通法的生命所在，使普通法能够基于自然公正理念以及其他符合公平正义的法的基本原则，不断创造出实体法规则、反映社会发展需要的根源。反过来，普通法对诉讼程序的塑造，使诉讼程序必须根据解决纠纷的实际需要，保障当事人的参与性和主体地位，保证陪审团审理的准确性和高效率。肇始于英国的自然公正理念，基本内容就是剥夺某种个人利益时必须保障他享有被告知和陈述自己意见并得到倾听的权利。① 因而，对抗制成为必然，由此引申出诉答、集中

① 参见［日］谷口安平：《程序的正义与诉讼》，王亚新、刘荣军译，中国政法大学出版社2002年版，第4页。

审理等与之密切相关的制度，而法庭审理的集中性与庭审前进行充分准备亦是题中应有之义。由此视之，庭前程序在英美民事诉讼程序中的突出地位，从普通法诞生时起就已经注定了。

（二）普通法与衡平法并存时期的庭前程序

一般认为，英国民事诉讼程序的发展大致可划分为以下阶段：第一个阶段从1066年“诺曼征服”后普通法逐渐形成，直到1873年《司法法》的制定；第二个阶段从《司法法》制定，直到1999年新民事诉讼规则实施；第三个阶段从新民事诉讼规则实施直到现在。①

从时间上看，如果视“诺曼征服”为普通法的起点，那么普通法自产生到《司法法》的制定之间有八百多年时间。从14世纪开始，衡平法作为一种对普通法规则的弥补逐渐发展成为一个独立的体系，与普通法分庭抗礼。普通法诉讼程序与衡平法诉讼程序存在很大差异：普通法诉讼实行陪审团与法官的二元裁判制度，陪审团是事实问题的认定者，因此在公开的法庭上进行口头、直接、集中审理被视为当然，整个民事诉讼程序分成诉答程序和庭审程序两个阶段，诉答程序发挥着使争点单一化的功能；而在衡平法诉讼中，由于没有陪审团的参与，法官担当事实问题和法律问题的裁判者，其典型特征是采用书面主义。

在普通法诉讼中，要求获得司法救济的原告应当向王室法院提出请求，大法官以国王的名义签发令状，责令被告对原告的起诉进行答辩。大法官签发的令状不同，其后所采用的诉讼形式和程序也不同。不过，无论哪一种诉讼形式，诉答都是必经的审前活动。诉答必须以严格的形式在当事人之间反复进行，直至形成

---

① 参见常怡主编：《比较民事诉讼法》，中国政法大学出版社2002年版，第508~509页。

单一的争点。如果诉答没有形成真正的争点，案件就不能交付陪审团裁决，而是由法官根据当事人提出的申请，把案件作为法律问题来解决。① 因此，在这一时期，庭前程序的主要内容就是当事人双方之间的诉答，其功能基本上限于促使争点单一化。

在衡平法诉讼中，起诉通过诉状提出。诉状包括三个主要部分，即陈述部分、指控部分和质问部分。被告必须提交详细的答辩状。但是，进一步的诉答是不必要的。衡平法上可以运用的程序之一便是“发现诉状”，这是现代发现程序的前身。衡平法上的诉答较之普通法来说，淡化了技巧性，经过逐渐发展，衡平法诉答本身也具有了精细性和复杂性。

(三)《司法法》制定以后的民事诉讼庭前程序

1873年出台的《司法法》对庭前程序的改革主要有两个方面：第一，消除了令状制在技术性程序方面的后果。在改革之前，普通法的令状制度已经发展成为一个由种类众多的令状所组成的体系。原告必须在起诉时阐述他的请求基于哪种诉讼形式，如果选择错误，法官会仅因为纯技术的原因判决原告败诉。《司法法》对各种诉讼形式予以废除，而代之以相同的“传唤令状”。原告只须用非技术性的语言阐述他的请求根据和实质内容，无须选定某种特殊的请求形式。② 第二，在诉答方面，事实诉答取代了法律诉答和证据诉答，证据开示部分也主要来源于衡平法。这说明诉讼程序的形式性和技术性让位给了诉讼程序的实质性和伦

---

① 参见常怡主编：《比较民事诉讼法》，中国政法大学出版社2002年版，第509页。

② 参见［德］茨威格特、克茨：《比较法总论》，潘汉典等译，法律出版社2004年版，第297页。

理性，同时也表明实体法与程序法的关系悄然发生了变化。①

（四）伍尔夫勋爵领导的司法改革与新《民事诉讼规则》

20世纪90年代以来，司法改革的呼声再一次高涨，“接近正义”成为改革的关键词。这是因为原有的诉讼程序中存在严重阻碍国民接近正义的因素，主要包括：司法资源不足及配置上不合理；纠纷解决方式单一化增加了诉讼程序的负担；当事人利用诉讼程序上的漏洞滥用诉答、证据开示等制度，造成诉讼拖延、成本激增；诉讼程序本身无法脱离形式化、滞后性的弊端，对于大规模出现的新型案件力不从心等。因此，“接近正义”的基本追求即实现国民迅速、方便、低成本地利用程序解决纠纷。英国此轮民事司法改革正是以伍尔夫勋爵主持起草的《接近正义》报告作为纲领性文件，并以1999年正式实施的新《民事诉讼规则》实现最终的法律化。

新《民事诉讼规则》在“接近正义”理念的影响下，以法院能够公正地处理案件为首要目标，遵循平等原则、经济原则、相称原则、迅速原则和效率原则。② 通过弱化诉讼的对抗性，庭前程序成为这次改革的核心，其最大的变化就在于，庭前程序的控制权从当事人转入法院手中。新《民事诉讼规则》赋予法官一系列的案件管理权，③ 使得法官有权根据案件的性质、复杂程度、

---

① 参见汤维建：《美国民事司法制度与民事诉讼程序》，中国法制出版社2001年版，第274页。

② 参见2000年4月4日伍尔夫勋爵在伦敦举行的“中英法律发展研讨会”上所作的题为“英格兰法律发展的状况”的报告。

③ 新《民事诉讼规则》共有五章专门规定法官的管理权，并且新设了动议权、驳回权、制裁权等新的权力。参见陈刚、相庆梅：《当事人主义修正论与英国民事司法制度改革的实证》，载陈刚主编：《比较民事诉讼法》（2000年卷），中国人民大学出版社2001年版，第235页。

金额大小选择相应的程序；有权安排审前准备的日程；有权召开案件管理会议和审前再议会议；有权对争点和证据进行适当的管理；等等。

新《民事诉讼规则》还对证据开示进行了较大幅度的改革，以应对长期以来证据开示自由化所造成的费用高昂、效率低下的弊端，这包括：根据利弊均衡原则，对不同的案件采用不同的开示标准，缩小了文书披露义务的范围；扩大了诉讼外第三人的文书披露义务；文书披露不再是双方当事人之间自动进行的，而是由法院签发命令；要求披露双方当事人在提交的文书清单上自动载明披露声明；等等。

改革之后的庭前程序在功能上并未发生实质性的变化，仍然可以归结为三个方面：一是为开庭审理作准备；二是径行处理无须经过开庭审理的案件；三是在开庭审理前作出中期或临时性救济。① 但是，由于对抗制的弱化，法官与当事人在庭前程序中的地位以及作用已经发生了变化。

二、承继与发展：美国民事诉讼庭前程序的历史发展

美国法与英国法之间既有同源性，又有差别性。在民事诉讼中，同源性主要体现在对令状制度、陪审团审理、诉答程序的继受和重视，特别是对当事人主导的对抗制的长期坚持。两国法律间的差异性同样明显，比如，双轨制的法律体制和更浓厚的成文法传统。这种同源性与差别性共生的特征，与美国的民族多元化、美国文化的实用主义倾向相互作用，使美国民事诉讼程序的发展显现出独有的历史轨迹。在庭前程序方面，美国的庭前程序经历过四次重大的改革，即 1848 年《菲尔德法典》和 1938 年

---

① 参见徐昕：《英国民事诉讼与民事司法改革》，中国政法大学出版社 2002 年版，第 129 页。

《联邦民事诉讼规则》对庭前程序的改革、1980年和1983年法官对庭前程序监管职能的加强以及1993年自主开示的确立。

（一）1848年《菲尔德法典》对庭前程序的改革

美国一开始使用与英国普通法相类似的民事诉讼程序，当事人要获得司法救济也必须取得令状，法官根据令状采用相应的诉讼形式和程序。原、被告的诉讼过程一般经过诉答程序来明确争点，只有在争点单一化之后，案件才会被提交给陪审团听审裁决。普通法诉讼的一大弊端就是过于形式化，程序烦琐复杂，同时严格的诉答程序又使当事人负担沉重，不利于当事人的救济。

19世纪前半叶，美国兴起了普通法的法典化运动，①其中，《纽约州民事诉讼法典》（《菲尔德法典》）作为为数不多的得以通过的法典，对美国民事诉讼法的发展产生了空前的影响。《菲尔德法典》对民事诉讼的重大改变主要表现在：（1）消除了普通法诉讼程序和衡平法诉讼程序之间的区别，而代之以统一的诉讼程序。（2）废除了复杂的诉答方式，以单一的诉答方式取代之。当事人在起诉时不再像过去那样选择令状，而是采用统一的起诉形式和诉答程序，于是民事诉讼程序得到很大的简化。（3）当事人可以用简明扼要、通俗易懂的法律语言表述其诉讼请求和各种动议，不再采纳旧制度中的各种陈旧格式。（4）规定了诉讼请求的合并制度。当事人在同一个诉讼程序中可以提出与本案有关的所有诉讼请求，无须分别利用不同的诉讼程序获得不同的救济。（5）初步确立了发现程序。发现程序原型是衡平法中的有关制度，而在普通法程序中，当事人没有收集证据的独立程序可以采用。在两种诉讼程序合并之后，衡平法诉讼程序中有限的发现程

① 参见汤维建：《美国民事司法制度与民事诉讼程序》，中国法制出版社2001年版，第279页。

序被继续采用，当事人可以据此程序从对方当事人手中获取重要证据。

可以看出，《菲尔德法典》对民事诉讼程序的改革有很大一部分的内容直接或者间接涉及庭前程序。比如，对令状的抛弃意味着原告的起诉从严格的形式要求中解脱，使当事人最大限度地自主寻求司法救济。诉答程序的简化则使案件进入法院之后，原告对自己的诉讼请求、被告对自己的答辩主张不再负担普通法时期那般具体详细的责任。对衡平法中证据开示的继受，使庭前程序中收集和交换证据的制度初步确立，而证据的收集和交换其实是影响庭前程序功能发挥、制度设计等的关键因素，这就为以后庭前程序的改革埋下了伏笔。

（二）1938 年《联邦民事诉讼规则》对庭前程序的改革

《菲尔德法典》所确立的法典式诉答虽然简化了诉答程序，但也存在一些问题，比如，诉答文书记载的事实只不过是抽象的请求依据的主要事实，而无证明主要事实的证据，所以庭前双方难以了解彼此将要在法庭上提出的证据，开庭审理成为完全由所谓“竞技司法理论”主宰的领域，证据突袭成为主要的诉讼策略。庞德主张，法官有独立寻求客观真实和正义的义务，而不应完全放纵当事人双方自由地、不受任何限制地主宰诉讼程序，即所谓的真实论。此种观点认为，审判的目的应当是根据案件的真实情况作出公正的判决，这就要求所有的相关证据都提交给法庭并在审前阶段完全披露，突袭裁判随之丧失其合法性。由此，就民事诉讼的基本理念产生了竞技论与真实论的交锋，真实论的最终胜利也拉开了新的诉讼程序改革的帷幕。

在此背景下，1938 年的《联邦民事诉讼规则》应运而生。归纳起来，《联邦民事诉讼规则》对庭前程序有三大突出的改革措施：(1) 建立了单一的诉讼形式。《联邦民事诉讼规则》对《菲尔德法典》作出进一步简化，规定民事诉讼只有一种形式，从此，当事人向法院递交诉状即被视为诉讼程序开始，这是在保障当事人诉权行使方面的一大推进。(2) 正式确立并完善了发现程序。《联邦民事诉讼规则》将发现程序作为独立的诉讼阶段予以规定。发现程序不仅是双方当事人收集证据、交换证据的阶段，而且还是确定争点、进行和解的阶段，发现程序的适用范围不仅被拓宽了，而且更加自由灵活。(3) 进一步简化与弱化了诉答程序。《联邦民事诉讼规则》仅要求原告在起诉状中提供一个简短、清楚的请求陈述，表明请求者有权获得救济，这种自由的诉答又被称为“通知式诉答”。此前，美国民事诉讼由诉答程序和庭审程序组成，在发现程序成为介于诉答程序和庭审程序之间的独立诉讼阶段之后，诉答程序的机能也发生变化。诉答程序成为告知或通知程序，其原来所具有的确定争点的功能转移给了发现程序。

(三) 1980 年和 1983 年法官对庭前程序监管职能的加强

发现程序自确立之后，便在庭前程序之中占据了举足轻重的地位，但也出现了滥用发现程序的现象。历经批评、检讨之后，美国的发现程序自 20 世纪 80 年代开始逐步向限制证据开示的范围、次数及修正对抗制的方向发展。

1980 年改革的主要内容是修改《联邦民事诉讼规则》第二十六条第六款，确立了发现会议制度，要求当事人在发现程序开始之初召开一次发现会议，以确定发现日程，防止诉讼拖延。在发现程序的滥用备受关注且案件管理制度日渐得到支持的情况下，1983 年《联邦民事诉讼规则》进行了较大力度的改革，主要有三个方面：第一，强化律师在提出诉答文书和申请书以及发现要求、答复或异议等文书时的责任，如有违反就会受到强制制裁；第二，通过积极确认和强化法官的职责，以达到对庭前程序进行有效管理和帮助当事人达成和解的目的；第三，鼓励法官在认为发现不必要或不合理时，对当事人利用发现方法的次数予以限制。1983 年的改革标志着法官在整个诉讼进程中管理职权的全面提升。①

（四）1993 年自主开示的确立

1993 年对《联邦民事诉讼规则》的修正内容主要有：第一，法官作为庭前程序管理者的地位更加突出，其要考虑发现程序是否过分、累赘、重复或造成不当负担。第二，提出了自主开示的要求，要求未经法院命令或律师协议免除开示义务的双方当事人，在案件的初期无须正式发现请求就应该披露案件的核心材料。② 自主开示的目的在于通过要求当事人提供相关的信息或资料，促进当事人之间基本信息的交换，缩减发现程序的成本。③第三，在要求自主开示的同时，对当事人利用正式的发现方法的次数予以限制。④

总的来看，美国的民事庭前程序经历了以下发展脉络：普通法时期以及法典化后的大部分时期，以令状制度为基础的复杂的

---

① 参见常怡主编：《比较民事诉讼法》，中国政法大学出版社 2002 年版，第 513~514 页；汤维建：《美国民事司法制度与民事诉讼程序》，中国法制出版社 2001 年版，第 419~420 页。

② 参见［美］史蒂文·苏本：《美国民事诉讼的真谛》，蔡彦敏、徐卉译，法律出版社 2002 年版，第 132~133 页。

③ 参见陈刚主编：《比较民事诉讼法》（2000 年卷），中国人民大学出版社 2001 年版，第 200 页。

④ 值得注意的是，2000 年 12 月开始生效的新修正案又进一步限制了发现程序的自由化。

诉答程序与庭审程序共同构成了诉讼的基本内容。在僵化的令状制度以及诉答程序不再能适应社会发展需要之后，从联邦法典开始确立了正式的发现程序。发现程序的本意在于弥补法典化诉答的不足，使当事人之间能够就案件事实增进交流和理解，但其适用中体现出了强大的功能，已经不再局限于使当事人了解对方诉答主张的层面，而是逐渐成为明确争点、开示证据、衡量诉讼得失的重要阶段。于是，庭前程序对于纠纷解决的独立功能逐渐显现，随之而来的是庭前判决的广泛适用以及各类替代性纠纷解决机制的相继涌现。当然，在发现程序发挥了积极功能的同时，对发现程序的滥用也无法回避。如何规制对发现程序的滥用，提高庭前程序的效率，减少不当利用庭前程序对实体真实的耗损，一直是《联邦民事诉讼规则》改革的重中之重。

第三节　审理程序二阶划分的移植

大陆法系国家传统上以渐进式审判为特点，并不像英美法系国家那样严格地划分庭前程序与庭审程序，庭前程序的作用也未受到关注。其后之所以在改革中引进了这种二阶化分，实际与大陆法系国家引入集中审理主义的理念密切相关。下文以德国为例，概述民事庭前程序功能逐渐受到重视的过程。①

一、德国对审理程序二阶化的引入及发展

德国于1877年颁布的《德国民事诉讼法》以自由主义为特征，反映了其时代背景和立法潮流。这部法典以1806年的《法国民事诉讼法》为蓝本，赋予了当事人在实体和程序方面很大的支配权。不过在庭前程序方面，有鉴于法国民事诉讼中当事人滥用庭前程序所造成的诉讼拖延等问题，《德国民事诉讼法》将其取消，采取了直接开庭的做法。其后，《德国民事诉讼法》历经1909年、1924年、1933年三次修正改革以及1976年《程序简化法》改革，逐渐转变了对庭前程序的态度，并建立起具有本国特色的庭前程序。

（一）1877年《德国民事诉讼法》对民事诉讼程序的阶段划分

1877年《德国民事诉讼法》把民事诉讼程序划分为两个阶段，即书面阶段与口头阶段。② 书面阶段要求诉讼当事人双方提供诉讼文件，当事人须在第一批诉讼文件上尽量全面表述自己的意思，但其中并不要求过早地提出法律或有关证据内容的论证，只要求说明当事人的基本主张、主张所依据的事实、当事人打算使用的证据以及对方提出的答辩。

总体上来看，1877年《德国民事诉讼法》中并不包括任何独

---

① 以下有关德国法的改革发展历史，主要参见沈达明：《比较民事诉讼法初论》，中信出版社1991年版；常怡主编：《比较民事诉讼法》，中国政法大学出版社2002年版；齐树洁主编：《民事审前程序新论》，厦门大学出版社2011年版。

② 参见沈达明：《比较民事诉讼法初论》，中信出版社1991年版，第60页。

立的庭前程序。尽管有书面阶段与口头阶段的区分，并且要求当事人在书面阶段充分、完整地交换诉讼文件，但其并不具有促进当事人交换证据、整理争点的功能。交换诉讼文书主要还是为了使当事人和法官了解案情的初步情况，从而为下一步选择程序的进行方式提供参考。当事人在诉讼文书的交换过程中完全是被动的，即便当事人从对方交换获得的文书中能够发现线索，也由于法律没有规定可以据此采取进一步诉讼行为，而只能停留在线索层面。更具有决定意义的是证据的随时提出主义，即允许在法庭审理中，法官可以一边审理，一边整理争点，当事人可以随时提出证据。在如此程序设置之下，庭审中的反复与拖延难以避免。

（二）1909 年、1924 年、1933 年三次修正改革

这三次改革的核心是加强法官在诉讼中的职权，此外针对法庭辩论的分散所导致的诉讼拖延，采取措施加强辩论的集中。1924 年《德国民事诉讼法》第二百七十二条第二款规定，言词辩论原则只举行一次，同时赋予法官辩论准备的处分权。只要审判长认为有必要，就可以从合议庭中指定一名法官先单独对案件进行预备性的审理。该法官有权要求当事人在准备期间实施诉讼行为，否则将承担由此产生的法律后果，包括可能在实体权利上造成的不利后果；在帮助当事人整理争点并根据需要审查有关证据之后，可以采取调解或作出缺席判决等措施；如果案件缺乏早期终结的条件，则在为开庭审理做好准备的基础上移交合议庭正式审理。1933 年《德国民事诉讼法》还进一步规定了当事人的真实义务，即当事人必须完全而真实地就事实进行陈述。但是，立法的集中审理的要求并没有实现，主要原因在于证据随时提出的规则，若新的证据在诉讼程序的后期才提出，法院为了公平起见仍不得不反复开庭。

（三）1976年《程序简化法》对庭前程序的改革

1924年、1933年修订的《德国民事诉讼法》关于加快诉讼的法律规定在实践中没有得到切实的应用。20世纪70年代德国从部分法院开始再次尝试改革，主要目的就是改变言词辩论不集中造成的诉讼效率低下和言词原则的空洞化。改革的成果主要体现在1976年《程序简化法》之中。由于该法案很大程度上受到所谓的“斯图加特模式”的影响，因此人们常用“斯图加特模式”表示德国民事诉讼程序改革后的特征。

“斯图加特模式”的基本设想，是将连续多次的正式庭审，转变为准备充分的庭前程序与一次全面的口头庭审相结合的审理方式，证据的提交在一次不间断的庭审中进行。① 这次改革重塑了庭前程序，也基本上确定了德国后期民事诉讼程序的基本发展方向，即在坚持法官的主动性的前提下，尽可能充分发挥当事人的积极性，最大限度地实现当事人与裁判者之间诉讼权利义务的平衡；同时，为了更好地落实集中审理原则，必须通过适当程度的庭审前准备保障庭审能够顺畅、不间断地进行。此外，“斯图加特模式”下的民事庭前程序也应时之需，为和解等替代性纠纷解决机制留有空间，以适应民事案件数量激增、类型不断更新、公众诉求多样化的社会现实。

根据1976年《程序简化法》，诉讼程序一般可以进行如下阶段性划分：（1）诉讼开始阶段，原告提出诉讼请求并通过法院送达被告，法官根据不同的情况决定采用何种庭前程序。（2）庭前准备阶段，双方当事人集中收集各种案件材料和证据，为主期日作准备。该阶段所采用的具体程序取决于案件的复杂程度，法官

---

① 参见常怡主编：《比较民事诉讼法》，中国政法大学出版社2002年版，第505页。

可选择早期首次期日或书面准备程序。(3) 主辩论期日，双方在法庭上进行主张以及提出证据进行证明，法院组织证据调查及辩论。(4) 判决以及执行阶段。①

在庭前程序阶段，若选择早期首次期日程序，法官应当尽早指定该期日。为准备期日，审判长或其指定的合议庭成员可以为被告确定至少两周的答辩期间。如果早期首次期日未能终结诉讼，法院可以继续进行诉讼准备工作，要求当事人进行补充或详细说明，澄清存疑事项，或命令当事人本人到场等。此时，法院应在早期首次期日为被告指定书面答辩期间，如果原告针对被告的答辩需要进行再答辩，法院应为原告指定再答辩期间。

若是选择书面准备程序，法院则应当在向被告送达起诉状时，要求其在两周的不变期间内以书面形式表明答辩意愿，并另外为被告指定至少两周的书面答辩期间。如果被告承认原告的诉讼请求，则法院作出认诺判决；如果被告未依法答辩，则法院依原告申请作出缺席判决；如果被告答辩，则法院为原告指定对答辩状发表意见的期间。

书面准备程序与早期首次期日各有优势，有观点认为，法官通常会在下列情形下选择采用早期首次期日：(1) 采用口头方式处理更为适宜；(2) 原告不会进一步提出其他事实；(3) 法院必须对法律问题作出解释以推动诉讼进程；(4) 案情明显对一方有利或者案情模糊而需要当事人到庭。考虑到法官在一定条件下可以在早期首次期日中作出终局判决，因此不应当把早期首次期日仅仅看作是为主期日准备的附属性的程序。

从效果来看，法院在开始的几年比较严格地使用了 1976 年《程序简化法》中的加快措施，后来则在多种因素的影响下趋于

① See Harald Koch and Frank Diedrich, Civil Procedure in Germany, Kluwer Law International, 1998.

谨慎。“斯图加特模式”的应用起初确实起到了加速的作用，减少了民事审判的开庭次数，缩短了民事审判的平均时长，但从20世纪90年代初开始，一审程序的耗时又开始延长。①

二、大陆法系采纳二阶化审理程序的评价

比较两大法系民事庭前程序的发展可以看出，由于诉讼传统等诸多因素的差别，两大法系国家庭前程序的发展历史存在较大的差别。

两大法系庭前程序的立法背景不同。英美法系从传统上就更注重庭审前的活动，这与其采取陪审团审理、法官仅仅是法律的适用者等制度直接相关。由于陪审团审理的特殊性，法庭审理极为重视集中化和口头化，而集中化和口头化又以庭审前准备为必要。没有当事人双方在开庭前的诉答交流，他们之间就无法确定案件事实的争议究竟集中在哪些方面，不能很好地组织对抗，也难以集中精力对待对审理结果有实质影响的事实或证据。如此，陪审团也只能在杂乱无章、千头万绪的论辩交锋中，根据自己的理解选取必要的材料作出裁决。显然，陪审团成员较难判断特定事实和证据对确定案件的实体结果有何种意义，所以为保障陪审制度的有效运作，必须依赖庭前程序对证据进行固定、对争点进行整理。在英美法系国家，庭前程序在诉讼程序运行中的关键性地位，并没有因为陪审制的萎缩而受到削弱。

在大陆法系国家，法官始终被认为是“知法者”，他们承担着认定事实和适用法律的职责。法官的职权为通过行使司法权维护正义、实现国家政策，所以只要法官认为必要，对于证据的审查和事实的认定随时可以进行，也无须独立的庭审前准备工作。

① 参见［德］罗森贝克、施瓦布、戈特瓦尔德：《德国民事诉讼法》，李大雪译，中国法制出版社2007年版，第565页。

此外，由于公开、口头、直接原则以及合议制等因素的约束，再加上攻击和防御方法的随时提出主义，实施庭前程序的法官所拥有的权力极为有限。① 庭前程序功能虚化的直接后果就是言词辩论的空洞化和形式化，开庭审理往往被分割成非连续的多个部分，既影响诉讼效率，也在一定程度上不利于公正的体现。

在完善审理程序的进程中，英美法系国家和大陆法系国家的庭前程序所面临的主要问题不同，所以二者的改革目的也注定是不同的。在英美民事诉讼的对抗制下，诉讼的过程依赖当事人的推动，诉讼的结果取决于当事人的举证和辩论。因此，保障当事人能够完全自主参与甚至主导诉讼一直被视为对抗制的核心，发现程序的确立、诉答程序的简化都体现了对此的追求。但是，当事人作为诉讼结果的直接利害关系者，必然会竭尽所能利用程序为自己获益、给对方设置障碍，发现程序的滥用即为其典型表现。这就需要通过强化法官的诉讼职权，来引导当事人进行诉讼、约束当事人对庭前程序的滥用，从而避免诉讼拖延和结果不公。② 不可否认的是，法官角色向更为积极的方向转变是对对抗制的修正，可这种修正是为了更好地保障当事人的自主对抗，它限制的只是对程序的滥用。

反观大陆法系国家，其庭前程序之所以长期得不到充分的肯定，无法发挥应有的作用，与直接言词原则的冲突是一个主要原因。直接言词原则要求所有的诉讼材料必须由法官亲自当庭审查，双方当事人以口头方式举证质证，原则上排除以书面材料作

① 参见常怡主编：《比较民事诉讼法》，中国政法大学出版社 2002 年版，第 515 页。

② 实际上，诉讼拖延本身也是一种不公正。但这里的结果不公是指一方当事人对程序的滥用足以导致另一方当事人（通常是经济实力较弱的那一方）因为无法负担诉讼程序继续进行的成本，而选择放弃诉讼或被迫接受不公正的和解协议等情况。

为裁判的依据。这就与庭前程序以诉讼文书交换为主的特点产生一定的矛盾。两者之间的紧张关系直接导致了通过充分的准备以实现集中审理的理想始终未能如愿。因此，当传统诉讼程序对激增的案件表现出不堪重负之时，强化庭前程序、完善争点和证据整理成为不二之选。

尽管在发展历程上存在这些差别，两大法系庭前程序的历史发展却体现了一些共同的规律。特别是各国最近几十年的庭前程序改革，已经呈现出相类似的发展趋势。

首先，在案件数量有限，法律性质也比较简单的年代，无论是英美法系早期的通过诉答整理争点的准备样式，还是大陆法系德日等国的直接开庭审理的方式，都不会导致严重的诉讼拖延问题。但随着民事纠纷的扩大化、复杂化、频发化，庭前程序必然成为人们瞩目的焦点。英美法系自不待言，他们的庭前程序改革始终是民事程序改革的重心。大陆法系国家由于同样面临着诉讼拖延、费用攀升等“司法危机”，庭前程序的改革也始终没有停步。总的来说，社会经济越是发展，庭前程序就越发受到重视。

其次，法官权力不断加强。英美法系国家管理型法官的出现是最为突出的改变，因为这种角色转换改变了长期以来法官只作为中立裁判者居中裁断纠纷的传统观念。在大陆法系国家，由于逐渐开始重视庭前程序，法官的权力也扩展到庭前程序领域，表现为对当事人起诉、答辩以及交换诉讼文书的期限、方式等进行约束。

最后，庭前程序改革呈现相互借鉴的趋势。例如，美国民事庭前程序中就借鉴了大陆法系真实义务的合理内容，要求当事人及其律师应当合理地使用发现方法，并且直接规定律师必须在提出发现的要求时，就发现程序的必要性署名保证。对违反此项规则者，法官可以要求其承担对方因此负担的不合理的律师费用。

第二章

判决基础论：判决的条件与方式

审理内涵的限缩，也对如何能判决、何时能判决等问题产生影响。在纠正了审理内涵的窄化与开庭审理概念的泛化之后，仍要解决的是判决的正当性基础之问题。本质上，判决的正当性基础由实质正当性与形式正当性两部分构成，其中的实质正当性基础包括判决的事实基础与法律基础。民事诉讼程序既需要查明据以作出判决的事实基础，也需要自身程序正当。

第一节　如何能判：判决的事实性基础

法院的判决须“以事实为依据，以法律为准绳”，所谓的审理程序便是为获得作出判决所必要的事实，也就是适用法律所必要的事实。那么，什么样的事实才足以成为判决正当性的基石？这就涉及由来已久的法律真实观与客观真实观的争论。法律真实观认为，据以作出判决的事实是法律上被视为真实的事实。法律真实观在某种意义上承认了客观真实难以在时时、处处都完全达到，诉讼是在追求法律真实的过程中不断接近客观真实。法律真实的正当性也需要外部证成，现实中对法律真实的追求，重点在于合乎法律，确定事实的程序亦会被当作法律问题来看待。①“需要什么样的事实”这一问题，从可操作性的角度说，就是“什么样的程序能够正当化法院的事实结论”，并且当事人以不同的态度参与程序，会反过来影响这一问题的答案。概括来说，在通往法律真实的路上，有事实辩明和事实自明两种情形——前者要求法院就当事人之间的事实争议作出结论性认定，故对程序的要求更高；后者因为有合意的、常识的或法定的基础，故对程序的要求相对宽松。

一、事实的法律真实观

我国传统证据理论认为，诉讼证明的任务是确定案件的客观真实，也就是说，“司法机关所确定的事实，必须与客观上实际发生的事实完全符合，确定无疑”②。客观真实观与职权主义的诉讼模式是相辅相成的，按照客观真实观，法官应当查明与案件有关的一切事实，即使当事人根本没有主张或是毫无争议的事实也不例外；对于当事人不能举证的事实，法院应当依职权调查收集，而不是在双方穷尽所有证据手段时立即作出判决。③ 当事人既然是程序的客体，是法官纠问的对象，那么法官以客观真相为目标和依据，才能补足其判决的正当性。

在当事人主义诉讼模式下，法律真实观被越来越多的学者所主张。所谓法律真实，是指“人民法院在裁判中对事实的认定遵循了证据规则，符合民事诉讼中的证明标准，从所依据的证据看

① 参见［英］阿德利安·朱克曼：《法律、事实抑或司法》，吴小军译，载《研究生法学》2004年第3期。

② 巫宇主编：《证据学》，群众出版社1983年版，第78页。

③ 参见江伟、吴泽勇：《证据法若干基本问题的法哲学分析》，载《中国法学》2002年第1期。

已达到了可视为真实的程度”①。在当事人主义诉讼模式下，案件事实和证据由当事人提出，法官也受当事人主张的约束，判决的正当性建立在当事人主体性的基础上。鉴于处分原则、约束性辩论原则等原理，某些客观的案件事实和证据也不能由法院依职权引入诉讼程序，相应地，根据当事人主义的法理，诉讼内的案件事实的证明只要能达到法律规定的真实程度（证明标准），便可以为程序所容纳、为判决所采用。②

此外，确立法律真实观还因为诉讼程序内查明的事实不可避免地带有主观性。首先，从认识论的角度，当事人的主张也受到主观、客观因素的制约，比如，认识主体的利益偏向、科技水平和认知能力、证据的灭失或变异等。当事人所能够“拼接”出来的纠纷过程，可能与纠纷的本来面目存在差异，案件事实的证明是一个主观能动性的运用过程，这一过程始终受人们主观意志的支配，并不是一个客观的机械运动。人的主观能动性的发挥程度，直接决定对案件事实的认识程度。③ 其次，提出证据、围绕证据的质证辩论、审查判断证据等过程虽是依法进行的，但法律程序的目的在于用尽可能合理的程序揭示事实，以达到事实发现过程的程序公正性。因此，当事人负责事实与证据的诉讼程序，其首要目标是保障当事人的充分主张与举证的权利。最后，自然事实若要成为法院判决认定的事实，也需要按照证据法、程序法和实体法作出适法化改造。在此过程中，事实不可避免地渗透了人的主观意志。因此，从应然的角度看，民事诉讼不应放弃追求

---

① 参见李浩：《我国民事证明制度的问题与原因》，载王利明主编：《中国民事证据的立法研究与应用》，人民法院出版社2000年版，第161页。

② 刘田玉：《论“法律真实”的合理性及其意义》，载《法学家》2003年第5期。

③ 参见汤维建：《关于证据属性的若干思考和讨论——以证据的客观性为中心》，载《政法论坛》2000年第6期。

客观真实，但从实然的层面看，法院判决的依据达到法律真实即为正当。

二、事实辩明：通往法律真实的对抗性路径

事实辩明，就是指案件事实存在实质争议，需要经过两造的辩论才能得以澄清的情况。在当事人存在争端和对抗的情况下，法院作为未亲历纠纷事实的第三人，其认定事实的正当性很大程度上是通过程序法来补足的。程序法上预先规定了事实辩明的方法与过程，进而将当事人的主张和举证导入精密的程序步骤之中。

民事证据制度和证明制度是为事实辩明而设计的，其设计的原则，首先在于排除可能导致错误认识的证据，其次是要抑制认识过程中的非理性因素。① 从事实辩明的法定手段来说，民事诉讼的证据制度旨在解决“用什么辩明”，所以才有证据种类、证据能力和证明力的规定等。从事实辩明的法定过程来说，当事人提供的证据资料不仅将受到严格的审查，而且这种审查还要放置于特定的时空、依照特定的规则。比如，民事诉讼中有关举证、质证的方法程序，为当事人如何利用证据手段参与事实辩明提供了指引。从事实辩明的法定后果来说，当事人的证明需要达到相应的证明度，相应的事实方可被法院认定。即便是在证明不能时，结果意义上的证明责任也规定了相应的不利风险由谁负担。

当事人之间存在实体的对抗，程序的设计也要顺应两造对抗的需求，保障当事人在此过程中的充分攻击防御。说到底，既然没有双方当事人均认可的事实基础，法院又不能拒绝裁判，那么重点首先就在于事实认定要正当——由什么样的主体、以什么样

① 参见纪格非：《论证据法功能的当代转型——以民事诉讼为视角的分析》，载《中国法学》2008 年第 2 期。

的手段、经过什么样的程序作出判断能得到人们普遍承认。其实，“如果说在证据制度产生之初，追求认识结果的正确和确定是证据法的唯一目标，那么随着法治的不断发展以及理论研究的不断深化，事实认定程序本身的重要性引起人们的关注。最初，程序的重要性仅从工具的角度被认识，因为科学合理的事实发现程序有助于得出正确的事实认定结果，但是，自‘正当程序’这一法律概念于 1215 年第一次出现在英国的《大宪章》中以后，人们逐步意识到程序的意义还不仅限于此。程序不仅仅是引导我们认识过去的桥梁，更是使诉讼证明的结果获得正当性的必由之路。”①

以程序实现裁判正当与当事人主义密切相关——法院据以判决的诉讼资料都由当事人提供，裁判范围受到当事人主张范围的框定，并且当事人享有充分的攻击、防御机会。如此，让当事人感受到判决的事实依据来自于己方，争议问题已经进行了充分的交锋，那么程序才能说是一种“看得见的正义”。

三、事实自明：通往法律真实的非对抗路径

与事实辩明相对，事实自明指的是事实的清楚明确不依赖于当事人的主张、举证与辩论，而是因为合意的、法定的理由能够被法院直接确定下来。从大陆法系通行观点来看，事实自明主要包括没有实质争议、事实已经被视为证明及作出“不知”陈述这几种情况。

---

① 纪格非：《论证据法功能的当代转型——以民事诉讼为视角的分析》，载《中国法学》2008 年第 2 期。

（一）没有实质争议

1. 自认

当事人作出诉讼内的自认，可导致相关事实丧失证明需要，根据辩论主义原则，裁判应受当事人诉讼内自认的拘束。诉讼内自认的内涵，可从三个方面加以认识：第一，自认针对对方当事人主张的事实为之。第二，诉讼内的自认有免除举证责任的效力，但诉讼外自认则不具有此等效果。诉讼外自认更经常被当作间接证据，在证据评价环节辅助事实认定。① 第三，作出自认的当事人原则上在所有审级均受此自认的拘束，只在特定的例外情况下才准许自认的撤回。

《最高人民法院关于适用〈中华人民共和国民事诉讼法〉的解释》（以下简称《民事诉讼法司法解释》第九十二条基本确立了自认制度，《最高人民法院关于民事诉讼证据的若干规定》（2019 年修正，以下简称《民事证据规定》）则是在 2001 年《民事证据规定》的基础上，对自认制度作出了充实和完善，其具体包括：自认的构成、拟制自认、限制自认、自认的限制等规定。

（1）自认的一般规则

根据《民事证据规定》第三条，自认的对象是于己不利的事实，且是实体方面的事实。对法律关系、法律规则的效果、经验法则等的承认，不属于自认。而程序事项因为属于法院依职权调查事项，故也不适用自认的规则，此外，自认必须发生在诉讼过程中，这不仅包括开庭审理环节，也包括证据交换、询问、调查等环节。自认的方式除了可以用口头表示，也可以采取书面的方

---

① Prütting, Münchener Kommentar ZPO, 4. Auflage, 2013, § 288 Rn. 38.

式，在起诉状、答辩状、代理词等书面材料中作出。

（2）拟制自认

《民事证据规定》第四条规定被称为拟制自认，根据该条，“一方当事人对于另一方当事人主张的于己不利的事实既不承认也不否认，经审判人员说明并询问后，其仍然不明确表示肯定或者否定的，视为对该事实的承认”。拟制自认带来的是承认对方当事人事实主张之效果，这一方面旨在促使当事人积极陈述、履行其促进诉讼的义务，另一方面通过明确当事人消极行为的诉讼法后果，可以免除相关事实的证据调查，达到限缩实质的争议点并提升诉讼效率的目标。我国规范上的拟制自认的成立，包括以下三个条件。

第一，对对方主张的于己不利的事实既不承认也不否认。拟制自认以消极的沉默为特征，通常表现为一种不予争执的状态。这里值得注意的还有主张或争执的具体化问题。如果当事人没有作出具体化的争执，也可能被视为未为争执。至于争执需要具体到何种程度，常常取决于负有主张责任的当事人的主张具体化程度。如果负有主张责任者仅作出概括性的事实陈述，那么便允许对方当事人为简单争执或概括争执。

第二，必须经审判人员说明并询问后仍不明确表示肯定或否定。要求审判人员释明，既要说明对方当事人陈述的事实本身的含义，也要说明“既不承认也不否认”将带来的不利法律后果。释明是为了确保当事人不对事实本身或行为的法律后果产生误解，在保障当事人程序权利的前提之下，实现拟制自认的促进诉讼的价值。

第三，拟制自认必须在诉讼过程中作出。诉讼过程之外的自认，不能直接产生事实自明的效果，那么诉讼过程之外理当也不能成立拟制自认。在此基础上，有观点将拟制自认的场合限定于法庭审理或者与法庭审理具有相似性的场合。也就是说，拟制自认“只能发生在审判人员和双方当事人均在场、以口头方式进行诉讼活动的法庭审理，或者与庭审具有相似特征的审理前准备、对双方当事人询问等场合。”① 这种观点就排除了以书面方式作出的拟制自认。

(3) 限制自认

限制自认在域外立法上有不同立场，比如，《德国民事诉讼法》第二百八十九条规定，“对于审判上的自认，附加有包含独立的攻击防御方法的陈述者，并不影响自认的效力”。我国《民事证据规定》中增加了限制自认的规定，将限制自认定位为一方当事人对另一方当事人主张的于己不利的事实部分承认或者附条件承认，而部分承认或者附条件承认能否构成诉讼上的自认，要由法院综合判断。

对于部分自认的情况，即一方当事人对对方主张的于己不利的事实，就其中部分事实表示认可，并且不附加条件，那么对于当事人承认的该部分事实，可以认定为自认。

附条件的自认则相对复杂，可以区分为两种类型：一种是所附条件与承认事实不可分割，即所附条件与承认事实存在法律上牵连性；另一种是所附条件与承认事实可以分割，即所附条件与承认事实不具有法律上的牵连性。二者的区别主要在于当事人承认的事实与所附加的条件这两个事实是否应作为一个整体考量。如果当事人承认的事实与附加的条件不具有法律上的关联性，则可以分别认定，将当事人承认的事实作为自认，同时将附加条件作为当事人另行主张的独立请求。②

---

① 宋春雨：《民事证据规则适用通解》，人民法院出版社2024年版，第81页。

② 参见最高人民法院民事审判第一庭编著：《最高人民法院新民事诉讼证据规定理解与适用》，人民法院出版社2020年版，第124、127页。

（4）自认的限制

按照《民事证据规定》第八条、《民事诉讼法司法解释》第九十六条第一款及第一百零七条，不适用自认的情况包括以下三种。第一，人民法院依职权调查的内容，即《民事诉讼法司法解释》第九十六条第一款规定的涉及可能损害国家利益、社会公共利益的；涉及身份关系、公益诉讼的；当事人有恶意串通损害他人合法权益可能的；涉及依职权追加当事人、中止诉讼、终结诉讼、回避等程序性事项的。第二，自认的事实与已经查明的事实不符的，人民法院不予确认。第三，在调解或者和解过程中基于让步而认可的事实。《民事诉讼法司法解释》第一百零七条规定："在诉讼中，当事人为达成调解协议或者和解协议作出妥协而认可的事实，不得在后续的诉讼中作为对其不利的根据，但法律另有规定或者当事人均同意的除外。"这一规定同时表明自认要考虑当事人处于合意性纠纷解决语境还是强制性纠纷解决语境。在调解、和解这类合意性的纠纷解决语境中，当事人承认的事实不会对后续审判产生不利影响，不会产生自认那般的约束效力。如此，既是为了促进当事人积极参与调解、进行和解，免除其作出妥协的后顾之忧，同时也符合自认制度本身的正当性基础，符合程序参与人对于自认的边界的预期。不过，在实践中，因为参与调解的法官与审判法官并没有严格区分，所以即便规范上明确否定当事人在调解中的承认不具有自认效力，但审判法官的内心确信在多大程度上会受到此类信息的影响，亦是值得研究的问题。

（5）自认的撤销

当事人可以在法庭辩论终结前撤销自认，根据《民事证据规定》第九条第一款，撤销自认应当经对方当事人同意，或者能证明自认是在受胁迫或者重大误解情况下作出的。相比之下，大陆法系主要国家将违反真实与意思错误共同作为撤销自认的要件，比如，根据《德国民事诉讼法》第二百九十条，当事人能够证明其自认的内容不合乎真实情况，而且其自认是出于误解而为之，则其撤回才影响自认的效力。①

我国也曾在2001年《民事证据规定》中，对自认的撤销采取“两要件”，即“有充分证据证明其承认行为是在受胁迫或者重大误解情况下作出且与事实不符”，而2019年修正后的《民事证据规定》则删除了“与事实不符”的要求。从“两要件”到“单要件”，直接降低了当事人撤销自认的难度，减轻了当事人的证明负担，被认为是结合外国立法与我国实际所作出的调整。②

实际上，自认的撤销之规定应当与自认的限制之规定结合起来看待。《民事证据规定》在撤销的条件中删除了“与事实不符”的要求，看似是淡化对真实的考虑，实则不然。第一，《民事证据规定》第八条第二款已经明确规定，自认的事实如果与查明的事实不符，则不能够确认自认的效力。这表明在自认本身能否成立并发生效力的前端问题上，司法解释已经对自认与事实不符的情况作出了规定，其中体现的还是自认对真实的贴合。第二，降低撤销自认的条件，减轻当事人在撤销自认时的证明压力，等同于使自认的撤销更容易，也就表示自认最终得以成立的难度提高。而辩论主义的第三层内涵（法院受当事人的自认的约束），在范围上自然就受到了更多的限制。第三，大陆法系普遍将与事

① Pohlmann, Zivilprozessrecht, 3. Auflage, 2014, C. H. Beck, Rn. 345 ff.

② 不过也有学者指出，修改后的自认撤销规则和“与事实不符”条件作了过度切割。“与事实不符”条件除了有增加自认人撤销难度的一面，也有另外两个需要重视的功能：一是助力自认人证明重大误解，便利法院判断重大误解；二是成为平衡自认人意思与相对人信赖的“调节器”。因此，将“重大误解且与事实不符”的组合事由应被坚持。在自认制度与真实的关系上，问题不在于自认制度是否要考虑真实，而在于以何种方式、在何种限度上考虑真实。参见霍海红：《论“重大误解且与事实不符”的自认撤销组合事由——从〈民事证据规定（2019）〉第9条再出发》，载《现代法学》2021年第1期。

实不符作为撤销自认的条件，本不意味着对真实的强调。这种立法模式下，在自认与事实不符之际，自认能否产生效力是交由当事人掌握的，即通过主张撤销自认与否，决定在诉讼中是否成立自认。相比之下，《民事证据规定》第八条是将自认与事实不符时的自认效果交由法院来裁断，由法院作出对自认不予确认的结论。

2. 认诺

对诉讼请求的认诺，也会使相关事实丧失证明需要。自认与认诺有如下差异：一是前者针对事实，后者针对诉讼请求；二是前者可由双方当事人作出，后者只能由被告作出；三是前者可以依法撤回，而后者在原则上不允许撤回。一般情况下，被告对原告诉讼请求的认诺，可使法官以认诺判决终结诉讼程序，自然就无须通过事实辩明的程序来进行事实认定。

在德国法上，认诺的标的仅仅是原告所提出的诉讼请求权，其标的不是创设诉讼的事实存在或者阻碍权利和消灭权利的事实不存在，相比之下，自认总是只涉及事实主张和先决性法律关系。认诺的有效性包括了三个条件：第一，由于认诺构成关键性的裁判基础，因而它只有在当事人可以对请求权进行处分的程序中才是有效的。反之，认诺在实行调查原则的程序（如婚姻案件、亲子关系案件等）中无效。第二，由于认诺的效力仅仅在于引起认诺判决，只有当判决中所宣告的法律后果根据该种判决应适用的实体法是合法之时，并且与德国法的重大原则没有明显不符的，认诺才是有效的。反之，如果认诺的法律后果在现行法中不存在，或者其所追求的法律后果是禁止的，则认诺不生效。第三，如果认诺的法律后果本身是可行的、允许的，但派生认诺的原告的基础行为因为违反了强制性的保护规范、违反了善良风俗或法律禁止性规定而无效的，则认诺不生效。①

（二）已经被视为证明了的事实

1. 显著的事实

显著的事实是指为大众所知，或者法院因其职务行为所知悉的事实。在德国法上，“于法院已经显著的事实，不需要提供证据”（《德国民事诉讼法》第二百九十一条）。这里所说的法院因其职务行为所知悉的事实，包括言词辩论期日、照管的存在等。此类因职务行为所知悉的事实，首先需要将法官的私人知识排除在外，并且也不包括我国民事诉讼规范上的预决事实②。

2. 法律推定的事实

除了显著的事实，法律推定亦有排除特定事实的证明需要之效力，带来当事人举证责任的免除。问题在于，在我国现有语境下，法律推定的概念指涉有所不明，为厘清不同概念、观点之间的差异，有必要用比较研究的方法考察我国法律推定的概念渊源。

归纳来说，我国当下法律推定研究的主要有以下分歧：一是法律推定的识别，能否仅从条文外观来判断；二是法律推定的类型，是否存在不可推翻的法律推定；三是法律推定的效力，有无

---

① 参见［德］罗森贝克、施瓦布、戈特瓦尔德：《德国民事诉讼法》，李大雪译，中国法制出版社 2007 年版，第 1004~1006 页。

② 在我国现行规范下，《民事诉讼法司法解释》第九十三条明确将“已为人民法院发生法律效力的裁判所确认的事实”确定为免证事实之一，除此之外，《最高人民法院关于审理环境民事公益诉讼案件适用法律若干问题的解释》第三十条第二款还规定了所谓的“单向预决效力”。我国法上将预决事实作为免证事实之一，被认为是对苏联民事诉讼理论的借鉴，但目前亦有不少研究者对预决事实的免证效力提出了批判。详见段文波：《预决力批判与事实性证明效展开：已决事实效力论》，载《法律科学》2015 年第 5 期；曹志勋：《反思预决事实效力》，载《现代法学》2015 年第 1 期。

客观证明责任的转移。基于不同的立场选择，我国理论界对法律推定的认识，现存有三种概念观：一是宽泛地认可法律规定的推定为法律推定，可称之为聚合概念观，这种概念观在英美法系较为普遍；二是将法律推定作为程序范畴内的事实认定方法，可称为程序概念观，这是我国《民事证据规定》第十条所持的观点，这种观点在一定程度上是受到苏联民事证据法学的影响；三是认为法律推定属于实体层面的立法问题，可称为实体概念观，这也是大陆法系的主流观点。

在法律推定理论的演进中，客观证明责任概念的提出可谓是重要转折。在此之前，证明责任仅仅具有行为举证责任这一层含义，而理论上认为“可推翻的法律推定”具有转移证明责任的效力，实际就是指转移行为意义上的举证责任。不过，客观证明责任问题被提出后，既往阐释法律推定效力的术语，发生了含义上的变化：一是证明责任不再单指行为举证责任，还包括结果意义上的客观证明责任；二是反证也不再泛泛地表示防御性质的反驳，而是特指不承担客观证明责任的当事人所提供的证明。术语含义的转变，促使学界重新检视对法律推定的原有认识。

有鉴于此，英美法系方面，摩根于1933年提出了“转移客观证明责任的法律推定”这一新类型，后续虽经历争议，但“转移客观证明责任的法律推定”总是与“转移行为举证责任的法律推定”在学理上并列存在。① 可以说，英美法系的应对方式，是通过增加法律推定的类型分支，来实现法律推定的扩容，而其聚合性的概念描述则维持不变。

相比之下，大陆法系却选择了一种实体概念观。德国、瑞

① 参见何家弘：《从自然推定到人造推定——关于推定范畴的反思》，《法学研究》2008年第4期；Steven H. Gifis：《巴朗法律词典》，蒋新苗等译，中国法制出版社2012年版，第512页。

士、日本等国经过一系列的论争，最终决定对法律推定的概念进行限缩，将法律推定理解为实体性质的推定，主张“可推翻的法律推定”的效力在于转移客观证明责任。① 以德国为例，《德国民事诉讼法》第二百九十二条第一句规定：“法律规定了对事实存在的推定，许可用反面证据推翻，除非法律特别规定其不可被推翻。”由此，法律推定全然属于实体立法问题：一方面，不可推翻的法律推定是无关乎证明责任的实体法规则，需要法律明文标示其不可推翻；② 另一方面，可推翻的法律推定必须采用反面证据推翻，也就是采用本证推翻，这意味着特定要件真伪不明的风险已经被分配给了推翻者，③ 所以德国通说认为，可推翻的法

① 德国法方面，参见 Prütting, Gegenwartsprobleme der Beweislast, C. H. Beck, 1983, S. 48; Koch, Mitwirkungsverantwortung im Zivilprozess, Mohr Siebeck, 2013, S. 372; Musielak/ Stadler, Grundfragen des Beweisrechts, C. H. Beck, 1984, S. 139. 瑞士法方面，参见 Thomas Stutter-Somm, Schweizerisches Zivilprozessrecht, 2. Aufl., Zürich 2012, Rz. 865f; Adrian Staehelin/ Daniel Staehelin/ Pascal Grolimund, Zivilprozessrecht, 2. Aufl., Zürich 2013, § 18 Rz. 52. 日本法方面，参见［日］兼子一、竹下守夫：《民事诉讼法》，白绿铉译，法律出版社 1995 年版，第 113 页；［日］新堂幸司：《新民事诉讼法》，林剑锋译，法律出版社 2008 年版，第 401 页，第 404~405 页；［日］高桥宏志：《民事诉讼法：制度与理论的深层分析》，林剑锋译，法律出版社 2003 年版，第 456~459 页。

② 典型的不可推翻的法律推定，比如《德国民法典》第一千五百六十六条有关婚姻破裂的推定：“配偶双方一年以来分居，且配偶双方申请离婚或者被申请人同意离婚的，即不可反驳地推定婚姻已经破裂。配偶双方三年以来分居，即不可反驳地推定婚姻已经破裂。”

③ 典型的可推翻的法律推定，比如《德国民法典》第六百三十条之八第五款第一句规定：“存在重大治疗错误，且它原则上适于引起事实上所发生的生命、身体或健康的侵害的，推定该治疗错误导致了这一侵害。”该款所作的因果关系推定，将推定事实的反面（治疗错误与侵害之间存在因果关系）倒置给医疗机构来证明，医疗机构对推定事实的反面承担客观证明责任。

律推定的本质是客观证明责任分配，后果是证明责任的倒置。① 而客观证明责任分配，毫无争议地被归为实体范畴，即便分配客观证明责任的后果和效果均需要在程序过程中体现。

（1）聚合还是切分：英美法系与大陆法系的比较

大陆法系在客观证明责任的命题出现后，为何选择了背离聚合概念观？回答这一问题实有赖于对大陆法系与英美法系进行比较。英美法系为法律推定的概念设置了较低的准入门槛，英美法系中的法律推定与其说是一个概念，不如说是一个松散的概念集合。法律推定的内容从简单发展为复杂，英美法系一直沿用了聚合概念观的表达方式，主要是因为其缺乏概念限缩的必要性。毕竟，英美法系的观念环境和司法环境，向来更强调问题的个别化解决，体系化建构概念的意义相对不突出。因此，英美法系并未十分看重对法律推定概念以及概念边界的抽象界定，实际倾向于在具体案件中进行概念的解释，乃至会结合个案具体情况而进行创造性的“解释”。而聚合概念观对法律推定的宽泛描述，恰恰比较符合英美法系对于适应性和开放性的偏好，在面对新的现实需求时，可通过拓展法律推定的类别予以回应。

不同于英美法系的语境，大陆法系的诉讼体制实不能放任法律推定概念的泛化，尤其是不能允许将实体推定和程序推定混同而论。② 因为根源上，在否认法官造法的前提下，立法与司法形成两权区分，法官的自由心证被要求在立法的框架内进行。那

---

① Prütting, Mu¨nchener Kommentar zur ZPO, 6. Aufl. 2020, ZPO § 286 Rn. 135; Koch, Mitwirkungsverantwortung im Zivilprozess, Mohr Siebeck, 2013, S. 372; Rosenberg/Schwab/Gottwald, Zivilprozessrecht, 18. Aufl. 2018, § 113. Rn. 33.

② Leipold, Beweislastregeln und gesetzliche Vermutungen: insbesondere bei Verweisungen zwischen verschiedenen Rechtsgebieten, Duncker & Humblot, Berlin, 1966, S. 82.

么，什么属于立法问题，什么属于可供法官自由裁量的问题，就必须先明确下来。于是在推定的领域，实体推定作为一种实体立法问题，就应与法官证据评价层面上的程序推定划清界限。

考察德国的理论发展，可知法律推定的含义也曾是宽泛且模糊的，人们一度将法典中几乎所有的证明责任规范和民事诉讼法中的证据规范，均称为推定。① 当时的理论背景是，客观证明责任分配与司法范围内证明责任减轻的关系还没有被理顺，实践中也出现了法官通过判例来创造证明责任倒置的情况，1972 年联邦最高法院还提出了“证明责任减轻直至倒置”的说法。② 但是在接下来的数十年中，这种混淆实体立法和证据评价的做法遭到学术界的持续评批。③ 历经严肃批判，联邦最高法院原则上抛弃了“证明责任减轻直至倒置”的提法，诉讼中由法官进行证明责任倒置是不被允许的。④ 如今通说认为，客观证明责任分配与证明责任减轻必须被区别看待。这一理念在规范层面上的折射，就是要求在法定的推定中区分证明责任规范与证据规范，区分的意义可从以下三个方面解读。

第一，证明责任规范与证据规范的内容和性质不同。证明责任规范以分配客观证明责任为内容，属于实体场域。比如，《德国民法典》第六百三十条之八第五款第一句，即为实体立法者在

---

① 参见［德］莱奥·罗森贝克：《证明责任论》，庄敬华译，中国法制出版社 2018 年版，第 240 页。

② BGH, NJW 1972, 1519, 1520.

③ Laumen, Die“Beweiserleichterung bis zur Beweislastumkehr” – Ein beweisrechtliches Pha¨nomen, NJW 2002, 3739, 3746; Thole, Die Beweisvereitelung zwischen materiellem Recht und Prozessrecht, JR 2011, 327, 332; Greger, Zöller, ZPO, 31. Auflage, 2016, Vor § 284 Rn . 22, Rn. 27.

④ Prütting, Mu¨nchener Kommentar zur ZPO, 6. Aufl. 2020, ZPO § 286 Rn. 126 ff.

特定医疗事故情形下设定了因果关系证明责任的倒置。而证据规范旨在指导法官在事实认定中作出证据评价，属于程序场域。①比如，《德国民事诉讼法》第一百六十五条第二句有关笔录的证明力、第一百九十五条第二款和第四百一十五条有关文书的证明力等。这类证据规范意味着只要满足认定效力所依赖的前提条件，法官就必须给出特定的证据评价。②

第二，证明责任规范与证据规范的功能不同。证明责任规范对事实真伪不明的风险进行预先分配，体现的是立法者的价值判断，并不直接与推定事实的真实性关联。③这类推定针对的是实体构成要件，指示了法官将某一要件的存在作为判决的基础，其效果不在事实认定领域，而在法律后果的裁判。④法官在裁判时根据法律推定所为的行为，也因为属于法律适用而可对其提起第三审上告。⑤反观证据规范，目的在于指导或约束法官的证据评价，其所作的推定正是为了避免事实真伪不明，其基础在于事实之间的常态化联系。

第三，证明责任规范与证据规范的效果不同。在采用推定结

① Laumen/ Prütting, Handbuch der Beweislast Band I, Carl Heymanns Verlag 2016, S. 220 f.

② 参见［德］罗森贝克、施瓦布、戈特瓦尔德：《德国民事诉讼法》，李大雪译，中国法制出版社2007年版，第836页。

③ Stein/ Jonas, Kommentar zur ZPO, 23. Auflage, § 292 Rn. 5; Musielak/ Stadler, Grundfragen des Beweisrechts, C. H. Beck, 1984, S. 143.

④ Leipold, Beweislastregeln und gesetzliche Vermutungen: insbesondere bei Verweisungen zwischen verschiedenen Rechtsgebieten, Duncker & Humblot, Berlin, 1966, S. 86.

⑤ 参见［德］莱奥·罗森贝克：《证明责任论》，庄敬华译，中国法制出版社2018年版，第254~255页。

构的证明责任规范中，被推定的事实享有免证的效果。① 此处存在举证对象的替换，即前提事实成为证明的对象，而推定的事实不再具有证明的需要。相比之下，证据规范中的被推定的事实，被视为证明了的，法官依法获得的只是一种临时性的心证。②

由此来看，对于其成文法，大陆法系理论始终要清楚回答特定规范是何种性质。既然实体范畴内的证明责任规范与程序范畴内的证据规范不可混为一谈，那么法律推定的性质也是非此即彼，须在实体性与程序性之间择一而定。如若不然，则会造成立法与司法的界限不清，有损于法的安定性，同时也造成既有的证据法概念体系紊乱。

（2）实体抑或程序：大陆法系理论与我国《民事证据规定》的比较

在背离聚合概念观之后，以德国为代表的大陆法系国家将法律推定定位为实体推定，这就与我国《民事证据规定》第十条所持的程序性立场截然不同。两相比较，程序概念观与实体概念观的差异在于立论的基础：二者对推定这一上位概念的理解不同，对法律这一标志要素的界定也有差异。

第一，程序概念观从起点上限缩了推定的含义，推定被视作司法过程中的事实推断方法，故只从司法证明的逻辑上进行把握。③ 因为这种上游限制，作为推定下位概念的法律推定，也完全立足于盖然性的原理。再者，由于只以事物之间的常态联系作

---

① Rosenberg/Schwab/Gottwald, Zivilprozessrecht, 18. Aufl. 2018, § 113 Rn. 33; Stein/ Jonas, Kommentar zur ZPO, 23. Auflage, § 292 Rn. 5.

② Carl-Friedrich Stuckenberg, Untersuchungen zur Unschuldsvermutung, Walter de Gruyter, 1998, S. 482.

③ 参见何家弘：《短缺证据与模糊事实》，法律出版社 2012 年版，第 151~152 页；焦鹏：《诉讼证明中的推定研究》，法律出版社 2012 年版，第 32~39 页。

为依据，而事实的存在总有被证伪的可能，故推定总是可以在诉讼中被推翻，不存在不可推翻的法律推定。实体概念观并未对推定的范围作出限定，但其对推定的构成方式有特殊的理解角度，从而形成了不同于程序概念观的体系结构。具体来说，推定的基本构造并不是法律推定与事实推定的二分，出于前文所述的制度性考虑，推定被区分为实体推定与程序推定。实体推定是指实体立法上的推定，程序推定则是事实认定层面的推定。其中，为了事实认定的效率和尺度统一，程序推定中的部分推定被规则化，成为证据规则。而更多的程序推定不具有成文规则的形式，它们也被称为事实推定，依赖法官在司法适用中依照经验、逻辑作出具体判断。

第二，对法律推定中的法律作何理解，构成程序概念观与实体概念观的第二个区别。按照程序概念观，推定是以有无法律规定，而区分为法律推定和事实推定的，所以法律推定概念中的法律，单纯是指具备了成文规范的形式。考虑到推定被在先框定为事实认定方法，故程序概念观下的法律推定虽然有成文法的形式，但法定化的价值仅仅在于对法官的自由心证形成约束。实体概念观中，法律推定中的法律并不是泛泛地表示规范之外形，而是特指实体立法。按实体概念观，法律推定要么是不可推翻的实体法规则，要么是客观证明责任的倒置，而客观证明责任倒置须由法律预先规定。因此，法律推定其实被定位为那种必须由法律明确规定的推定，① 是那种未经法律规定则不能够由法官自由适用于案件的推定。比较而论，程序推定也可能具有成文规范的形式，成为所谓的法律规定的推定，但是此类推定的条文即便被删

① Laumen/ Prütting, Handbuch der Beweislast Band I, Carl Heymanns Verlag 2016, S. 35 f.

除，法官依然可以在诉讼中视情况裁量适用，[①] 所以，将法律理解为实体立法，使得这一标志要素于法律推定而言，更具根本性。这样一来，法律推定绝不是规则化的事实推定，[②] 法律推定与事实推定不在于法定之形式，二者分属于立法领域与司法领域，“法律上推定的主体是立法者，而事实推定的主体则是利用自由心证实施事实认定的裁判所”[③]。

（三）关于“不知”的陈述

《德国民事诉讼法》第一百三十八条第二款规定，当事人的“不知”陈述原则上不被准许，一方当事人须得就对方当事人主张的事实作出回应。例外在于《德国民事诉讼法》第一百三十八条第四款，即对于某种事实，只有在它既非当事人自己的行为，又非当事人自己所亲自感知的对象时，“不知”陈述才被许可。在该项例外的前提条件不具备时，一方当事人（比如被告）就对方（比如原告）的事实主张仅仅表示“不知晓”的，便属于“不被许可的‘不知’陈述”，这将导致对方（原告）不必就其主张提出证据，这同样构成了事实自明的情形。

在我国，有观点指出，当事人在诉讼中就对方当事人所主张的事实表示“不清楚”“不知道”“不记得”的，不能产生自认的效果，也即不能产生事实自明而免予举证的效果。这种“不知”陈述，只可以作为法官心证时的考量因素。[④] 此外还有观点

---

① Stein/ Jonas, Kommentar zur ZPO, 23. Auflage, § 292, Rn. 15 ff.

② 参见柯昌信、崔正军主编：《民事证据在诉讼中的运用》，人民法院出版社 1998 年版，第 258 页。

③ ［日］伊藤真：《民事诉讼法》，曹云吉译，北京大学出版社 2019 年版，第 258~259 页。

④ 参见宋春雨：《民事证据规则适用通解》，人民法院出版社 2024 年版，第 80 页。

认为，应当借鉴比较法上的做法，对“不知”陈述分别情形处理：对于并非当事人亲历的事实，“不知”陈述不能认定为拟制自认；如果是当事人亲历或明知的事实，“不知”陈述可以视为《民事证据规定》第四条中的“不明确表示肯定或者否定”，适用拟制自认的规则。同时，即便不考虑是否构成自认，人民法院也可以要求负有举证责任的当事人提供证据，同时要求作出“不知”陈述的当事人就该事实是否属于自身的行为或认识范围内的对象予以说明，再结合其他证据，综合判断该“不知”陈述的客观真实性。①

第二节　何时能判：判决的时机正当性

审理不一定以判决为实际的终点，但是判决以审理为前提，这是不言自明的。若将审、判统合起来看，还会引发一个疑问，就是审理进行到哪一步可以作出判决，这就是判决的时机正当性问题。

一、判决的时机

判决的时机正当性，就是法院可以作出事实认定并适用法律

① 参见最高人民法院民事审判第一庭编著：《最高人民法院新民事诉讼证据规定理解与适用》，人民法院出版社2020年版，第104页。

作出判决的条件。我国《民事诉讼法》并没有“适于判决时”或“判决成熟时”这一概念，对判决作出时机的控制，在形式上体现为审限制度（《民事诉讼法》第一百五十二条、第一百六十四条、第一百六十八条、第一百八十三条），在实质上体现为“事实已经清楚”（《民事诉讼法》第一百五十六条）。

在域外，《德国民事诉讼法》第三百条第一款规定：“案件达到判决成熟时，法院应当以终局判决作出裁判。”德国通说同时指出，“判决成熟时”主要是指案件经过了对事实的充分阐述（第一百三十九条）且用尽证据手段（第二百八十四条）。① 就判决的事实基础而言，据以作出判决的事实要么没有争议，要么属于众所周知的事实，要么已经被证明。② 由此可见，“适于判决时”或“判决成熟时”这一概念的存在及适用，是一种明确的立法要求。

根据德国的学说和联邦法院的判例，所谓判决成熟，是指受诉法院根据对可作为裁判基础的诉讼资料进行事实判断与法律评价的结果，已能作出有法律意义的判决，即便再续行言词辩论也很难得出与之相反的结论。判决的作出是否已达到成熟的程度由受诉法院自由判断。比如，在日本，学者普遍认为，判决的作出是否成熟应从事实的解明度与程序保障两个方面进行判断。从事实的解明度上讲，判决成熟的要求是，受诉法院即便继续进行证据调查，推翻已有的判决结果的可能性也很低；从程序保障的角度讲，判决成熟的要求是，当事人双方均已被赋予了充分的攻击防御机会。只有两者均满足时，才可认为判决的作出已经成熟。③

---

① Thomas / Putzo, ZPO Kommentar, 36. Auflage 2015, § 300 Rn. 2.

② Thomas / Putzo, ZPO Kommentar, 36. Auflage 2015, Vor § 253 Rn. 35.

③ 参见占善刚：《论民事诉讼裁判的时机》，载《现代法学》2023 年第 6 期。

民事纠纷进入法院后，法院对其的审理和判决需要遵循的一定的程式，审判由一系列的流程模块组成，通常包括立案、诉答、庭前程序、开庭审理和判决。从审判流程上看，对何时能够作出判决的不同理解，带来了两种类型的审判流程模式——串联型审判与并联型审判。所谓串联型审判流程模式，就像串联型电路一般，审判的各个环节形成一个回路，而案件一旦进入法院，就必须走完这些环节，才能到达判决的终点。并联型审判流程模式则不同，其中的环节数目可能与串联型无异，但各个流程模块具有可拆分性，是相对独立的存在。如果在某个环节上对该纠纷的判决时机已经成熟，那么后续的审判环节则不必进行，法官直接作出判决、终结程序。并联型审判流程模式内审理程序的各个环节都与判决直接“并联”，案件未必均要走完全部流程，而是可以在适于判决时获得实体结果。

二、串联型审判流程

从学理角度分析，可以认为我国当下的民事审判流程是按照串联型模式来架构的，其串联的属性可从以下三个特征来把握。

第一，审判各阶段分工明确且刚性。串联型审判流程存在一个假定，即民事案件中事实的“量”是固定的，故审理的实质工作量也是恒定的，程序设计者需将固定的工作量分配到民事审理各环节。由于给各程序环节分配的工作与程序设计相匹配，具体审判各环节的任务分工相对明确和固定。比如，在庭审前，就不能要求法官以一种全局的视角来对案件情况作出实质性的判断，如果有这种判断，则可能被视为有碍于中立、公正审判的“先入为主”。在现行立法下，庭前程序包含送达诉讼文书、调查收集必要的证据、追加当事人、程序分流、组织交换证据等，而法官在其中的职权是有一定程度的限制的，如未经当事人同意，不能对证人进行询问，更不能对最终的实体问题作出判断等。[①] 换言之，在既定的分工下，庭审前程序要限于对庭审程序的准备，否则庭审前程序的审理扩张将带来庭审功能的虚化。既然二者的工作量是一种此消彼长的关系，庭审前程序与庭审程序自当严格遵守各自的边界。

第二，审判程序表现为循序渐进、逐步展开。串联型审判流程一般在特定的程序阶段只处理特定的内容，期待的是事实总是会因为渐进的程序而逐步展开，法官在程序的终点得以获得事实的全貌。比如，我国的开庭审理有制度性的顺序要求，一般要经过开庭准备、法庭调查、法庭辩论、合议庭评议，才能到达宣告判决的阶段。这种审判程序有些像达玛什卡所说的“牙医式的按部就班的行为方式”，也就是“在一个环节中考虑完一个特定事项之后，把其中引发的新的要点留到下一个环节中考察，并以此类推，环环相扣地进行，直到问题完全澄清为止。于是，最后的环节可以致力于将所有的线索串起来，重新审视前面的阶段性结果，并冷静地作出一项裁决”[②]。

第三，审判程序的同质化程度较高。因为标准化的流程被固定后，强调流程模块的缺一不可，因而无论是什么类型的案件，无论程序参与者的意愿如何，程序的进程、期限在理论上都相差不大。我国民事诉讼法将争讼程序区分为普通程序、简易程序，以示繁简分流。然而，在串联型审判流程模式下，程序的分化程度依然不够显著：一是简易程序所作出的形式上简化，依然不足以使其与普通程序形成鲜明反差；二是简易程序中的小额诉讼以

---

① 参见江伟主编：《民事诉讼法》，中国人民大学出版社 2013 年版，第 278~281 页。

② ［美］米尔伊安·R. 达玛什卡：《司法和国家权力的多种面孔——比较视野中的法律程序》，郑戈译，中国政法大学出版社 2015 年版，第 67~68 页。

一审终审为特征，属于一种纵向意义上的审级简化，而一审的内容结构基本复制了简易程序，依然遵循串联型审判流程的思路。

三、并联型审判流程

有关并联型审判流程的特征，可从以下三个方面来把握。

第一，基于审理时空多维的观念，审理自案件系属于法院时即开始，并联型审判流程模式代表的则是一种连续集中而非刻意分段的思考方式，在案件进入法院之后的每一个阶段，法院都用全局的视角来对待。这就是说，制度上不对立案、诉答、庭前准备等各阶段进行审理分工，不要求法官在特定阶段只考察案件的某一点或某几点，而把剩下的问题留到下一阶段。

第二，基于判决的实质基础，能否判决取决于案件审理是否达到适于判决的程度，也就是据以判决的事实基础是否齐备。因此，法院可在其认为判决成熟之时作出判决，即便此时尚未进行完整个审判流程。作出判决可以在立案、诉答阶段，可以在开庭之前，甚至是开庭之中——比如，还没有进行到法庭辩论环节，事实却得以自明；又如，为补充证据而确定了下一次开庭的期日，但实质性争议在下一次开庭前消失。

第三，并联型审判流程模式不是对开庭审理环节本身存在性的否定，而是对其必要性的否定。换句话说，并联型审判流程模式要求法官不拘泥程序环节，时时思考案件能否即刻解决，遵循了“适时解纷主义”，摆脱了“开庭必要主义”。在审判流程的外观上，因为并联模式允许不经开庭或不经完整开庭而作出判决，所以客观上提供了较多、较灵活的程序选项，其本质上是对审理、判决内涵的重新解读。

第三章

庭审功能论：事实辩明案件的证明程序

正如前文在“审理阶段论”中提出的，现实中，存在对审理的概念理解窄化，将审理等同于开庭审理的认识。与此相关的，则是存在对于开庭审理概念理解的扩大化，现实中的各类非正式开庭也被归为开庭审理的范畴之下。在民商事审判方式改革之前，一些庭审只是将庭前调查的内容重复一遍，不仅实际意义有限，并且也导致庭审的功能模糊。民商事审判方式改革的一个目标就是要强化庭审功能。但是在强化庭审的过程中，需要注意避免的是从一个极端走向另一个极端，将案件审理的所有内容都置于开庭审理之中，造成庭审的目标泛化和定位不清。若要准确把握开庭审理的定位，则必须回答的是，庭审这一程序环节到底是为解决什么问题而存在的。回答好这一问题，是科学有效发挥庭审功能的前提。

第一节　开庭审理的程序地位

在我国，学界对开庭审理的一般理解是，“人民法院在当事人和其他诉讼参与人的参加下，依照法定程序和形式，在法庭上对当事人之间的民事争议进行审理的过程。开庭审理的主要任务是使当事人双方能够充分行使主张和抗辩的权利，对当事人提出的证据予以质证，明确当事人之间的争议、查明案件事实，明确权利义务关系，并最终作出裁判。”① 域外的民事诉讼中亦有开庭审理环节，其亦表现为一定的程序和形式，保障当事人发表意见的机会，也包含了围绕证据的调查环节。通过对开庭审理的比较研究，可以更好地理解和把握我国民事诉讼开庭审理的一些自身特性。

一、比较法上的开庭审理

关于庭审的概念，首先应当区分大陆法系语境与英美法系语境。对于那种将大陆法系上的开庭审理等同于英美法系中庭审的观点，英美法系学者提出了严肃的纠正。他们认为，大陆法系中的庭审往往表现为连续的、非正式的口头听证或者类庭审活动，不能与英美法系中的庭审相提并论。② 英美法庭审的核心，是所有事实信息在一个口头、公开的程序阶段进行，法官或陪审员的裁判基于这些信息作出，也可以说，英美法的庭审就包含了集中和连续之含义。有观点认为，达玛什卡将大陆法系诉讼中的庭审描绘成“片段式的英美式庭审”，也是一种误读，应当说大陆法

① 张卫平：《民事诉讼法》，法律出版社2023年版，第366页。

② “正像任何一位走进一处当代欧陆法庭的参观者都会注意到的那样，对证人的质证仍然只是例行公事般地进行着，以至于来自书面案卷中的信息总是持续不断冒出来。主审法官往往会事先研究案卷并在审判过程中反复征引案卷中所包含的材料。欧陆的审判看起来似乎是对以前所做工作的审计或者是对预先调查程序中的事实发现所作的审核。可以预见的是，在法庭上一般不会出现事先没有考虑到的进展，而且，假使出现了阻碍审判按部就班进行下去的意外，法院便会宣布延期，直到尘埃落定为止。”［美］米尔伊安·R. 达玛什卡：《司法和国家权力的多种面孔——比较视野中的法律程序》，郑戈译，中国政法大学出版社2015年版，第69页。

系中是根本不存在英美式庭审的对应物的。[①]

我国民事诉讼中的开庭审理亦与英美式庭审有较大差别。英美式庭审包含证人出庭和交叉询问的对抗程序，是在开示程序和审前会议之后，由陪审团或法官对案件进行全面正式的实体审理。由于这种意义上的庭审往往采用集中审理的方式，所以显著地存在耗时长、成本高的特点。[②] 相比之下，我国普通程序中的民事庭审较为简练、耗时不长，简易程序中的庭审则更为简练，其在流程环节、具体作用、展开形式等方面与英美式庭审均不相同。

我国的庭审与德国法上的主期日也有一定的差异。在德国民事诉讼制度中，一般认为，法院的审理自案件系属于法院之时就开始了，即审理持续地存在于立案到判决之间。其中，早期首次期日也被称作“初步审理”，从其性质、作用来看，属于完整的辩论期日，而非无关紧要的附加期日。早期首次期日视诉讼情况可以作为准备性及预审期日，或者作为唯一的主期日加以使用。有论者简单地将早期首次期日等同于我国的庭前程序、将主期日等同于我国的开庭审理程序，是有欠妥当的，因为早期首次期日虽是准备性的口头辩论，但其毕竟承载了言词辩论的功能，是口头审理的一部分，具有正式的程序保障的特征，有时可以作为诉讼程序中唯一的口头辩论期日，而不需要再行组织主期日的审理。

---

① Stephen Goldstein, The Anglo- American Jury System as Seen by an Outsider (Who Is a Former Insider), in The Clifford Chance Lectures Vol. 1: Bridging The Channel, Basil S. Markesinis ed., Oxford University Press 1996, p. 171.

② 参见严仁群：《“消失中的审判”？——重新认识美国的诉讼和解与诉讼调解》，载《现代法学》2016年第5期。

二、美式庭审：纠纷解决的最后手段

早在21世纪初，中国学者就已经关注美国民事庭审数量的下降趋势，在众多提倡替代性解纷机制的文献中，美式庭审的消亡被解读为诉讼程序的式微，被解读为纠纷从诉讼程序流向了和解、调解这类替代性纠纷解决机制。但这是一种误读，实际上，庭审的消亡本就不可与诉讼的消亡等同而论，未经庭审解决的纠纷也未必均走向了和解、调解这类合意性的纠纷解决机制，而是有大量的纠纷化解于庭审前的强制性纠纷解决方式（即决判决）。

在美国，真正以开庭的方式（包括陪审团审判和法官审判）获得判决宣告终结的案件占比很小。就2013年的数据来看，在联邦地区法院当年结案的256846件民事案件中，只有3186件案件通过开庭审判而终结，约占全部案件的1.2%。截至2013年6月，联邦法院的民事案件开庭率比1938年约下降了80%，比1962年约下降了10%。总之，最近几十年中，美国越来越多的民事案件终结于早期阶段。

"消失的庭审"的概念在1996年由Samuel R. Gross和Kent D. Syverud提出，[①] 后经由Marc Galanter的实证研究得到更广泛的传播和认同。[②] 其实，陪审团审判越来越难得一见，并不是什么新鲜事，庭审（包括陪审团审判和法官审判）整体数量的减少，也不足以引起理论界的震动。毕竟，在《联邦民事诉讼规则》颁布的前两年（1936年），联邦层面的民事案件只有五分之一是经由庭审解决的，但是这并未对庭审的核心地位造成冲击，

① See Samuel R. Gross & Kent D. Syverud, Don't Try: Civil Jury Verdicts in a System Geared to Settlement, 44 UCLA L. REV. 1, 51 (1996).

② Galanter, The Vanishing Trial: An Examination of Trials and Related Matters in Federal and State Courts, Journal of Empirical Legal Studies, Volume 1, Issue 3, 2004.

此时的民事诉讼依然可以说是庭审的实践。[①] 然而，在诉讼数量保持增长的情况下，21 世纪初的数据和理论纷纷验证了整个庭审制度在事实上被弃用，以至于美国学术界出现了“庭审死亡”的感叹。[②]

“消失的庭审”的背后，交织着制度发展和时代发展的深刻原因，归纳起来，主要有两个层面上的因素：一是功能层面上，庭前实质上有替代庭审的能力，所以庭审不再具有必要性；二是现实层面上，少有人有动因选择使用庭审程序。

（一）庭审需求降低

第一，庭前程序事实调查功能的引入及其扩大化，降低了对庭审的需求。Langbein 教授指出，20 世纪的后三分之二的时间，就是无庭程序取代庭审程序的历程，更确切地说，庭前程序的功能发展不可避免地导致庭前对庭审的替代。这一演变包含以下几个关键的节点：美国民事审判最初以庭审为唯一的事实发现场所，因为早期陪审员属于纠纷的知情者，而法官不承担事实调查的角色。因此，庭前程序并没有被寄予事实调查的功能。后来的陪审员不再是以自己的情报来判断事实的人，此时庭前程序依然缺乏事实调查机制，就给审判的进行带来了很大的麻烦，这主要表现在双方庭前无法沟通证据、不能从证人处获得信息、遭受诉讼突袭的危险较大等。所以 14 世纪、15 世纪的衡平法程序首先对此作出了补救，它在设计上允许庭前进行事实发现。1938 年的

---

① Galanter, The Vanishing Trial: An Examination of Trials and Related Matters in Federal and State Courts, Journal of Empirical Legal Studies, Volume 1, Issue 3, 2004.

② 参见 Robert P. Burns 教授在 2009 年出版的专著（*The Death of the American Trial*）。需要指出的是，针对美国庭审的“死亡”，Burns 教授表达的是惋惜和批判的立场。

《联邦民事诉讼规则》将衡平法程序中的事实调查机制常规化，由此形成了制度化的庭前发现程序，极大地影响了民事审判的后续走向。最关键的是，本专属于庭审的事实发现功能被大幅度转移到庭前，而且随着庭前功能的强化，庭前对庭审的实质替代力便越来越强。①

第二，法官角色的转变，也即管理型法官的出现，促进了案件在开庭前化解。在美国司法发展史中，庭前功能得到强化之同时，消极法官的传统也表现出不适应性，庭前发现程序交由当事人主导，带来了司法竞技主义盛行、发现程序滥用和诉讼拖延等问题。故从20世纪60年代开始，"管理型法官"从一种尝试变成一种义务，以加强对程序的控制，规制当事人滥用权利的行为。法官既然被要求积极介入庭前程序、主导事实发现的过程，就不可避免地在庭前掌握案件的实体信息，于是也就具备了在庭前作出实体判断的条件。

第三，口头审理的需求弱化，也导致庭审需求的弱化。口头审理的需求走弱，首先，是伴随陪审团审判的衰落而出现的，曾经为了说服陪审团而由双方律师进行口头激辩的场面，已经在现实中较少出现。其次，现代民事诉讼中的事实查明显然摆脱了对证人证言的依赖，而是更多地采用书面证据。书面证据的真伪等问题，往往依靠的是鉴定等手段的运用，而不在于双方在对抗中展示己方的可信度和说服力。最后，英美法上曾经认为交叉询问是完美的真实发现机制，但这种观点受到越来越多的质疑。②

---

① See John H. Langbein, The Disappearance of Civil Trial in the United States, Yale Law Journal 122(2012), p. 522.

② 参见［德］托马斯·魏根特：《刑事诉讼关涉真实吗？——一个德国的视角》，冯俊伟译，载《中国刑事法杂志》2011年第7期。

（二）庭审意愿降低

现代社会中案件的复杂性亦有显著提升，规则细密之同时，理解和运用法律的难度也在提升。这不仅导致诉讼对案件管理的要求提高，并且也导致对案件裁决结果的预测更加困难，由此会让当事人产生法律和案件的可预见性降低了的感觉，包括当事人和法官在内的程序参与者也不再相信依靠法律教义能够为案件找出唯一正确的答案，这又与后来出现的反对规则的法律现实主义运动互为因果。① 从法官的立场上看，案件管理活动使其不可避免地需要在庭审前接触案情，了解争议的原因，以帮助当事人理清认识。而案件数量压力之下，法官倾向于用激进的案件管理措施来减少进入庭审的案件数量，以及削弱当事人诉诸庭审的意愿。从当事人的立场上看，昂贵的诉讼费用和美式庭审的巨大时间成本，使得当事人有动力追求尽快结束诉讼。② 此外，在避免庭审这一问题上，律师也受到激励，原因在于他们有意规避庭审所带来的那种结果不确定性风险。所以，有评论认为，各方程序参与者传达的信息表明，庭审只是作为最后手段而存在，或许也可以说，它是一个（争议解决）失败的标志。③

三、德国的主期日：针对有证据调查需要的案件

按照德国法，主期日的程序内容主要包括：（1）法院就事实及诉讼关系的理解进行总括的准备后，应在主期日将法院所把握

---

① See Mark Galanter, A settlement Judge, Not a trial Judge: Judicial Mediation in the United States, 12. J. L. & SOC' Y 1, 14 (1985).

② See Mark R. Kravitz, The Vanishing Trial: A Problem in Need of A Solution?, Connecticut Bar Journal Vol. 79 (2005), pp. 79-98.

③ See Hazel Genn, Judging Civil Justice, Cambridge University Press, 2010, p. 53.

之要点，对当事人作一概括的说明；（2）要听取当事人本人的意见；（3）由当事人互相进行综合的辩论；（4）进行证据调查；（5）就证据调查的结果，法院和当事人进行讨论，如果有进一步证据调查的必要，则再次组织证据调查。主期日的功能主要体现在两个方面：一方面，它可以充分发挥言词审理主义与直接审理主义的功能。因为在主期日，形成心证的法官同时承担言词辩论的准备，又进行证据调查及辩论。另一方面，在主期日听取当事人陈述，有助于提供促使法官心证形成之资料。为准备主期日，可以选用早期首次日期（《德国民事诉讼法》第二百七十五条）或者书面庭前程序（《德国民事诉讼法》第二百七十六条）。

更确切来说，德国民事诉讼的主期日是针对有证据调查需要的案件，而不单纯是给予当事人发表意见的正式场合。正如有学者所总结，早期首次期日进行事实主张与证据等争点整理，而主期日则集中实施证据调查。① 考虑主期日的功能定位，德国民事诉讼制度中还有如下几点配套规定值得注意。

第一，早期首次期日是辩论期日，而不是辩论的准备。在该期日中，无争议的案件应当彻底得到解决，对此需要组织当事人的辩论，有时需要根据《德国民事诉讼法》第一百三十九条进行阐释。案件达到可裁判程度的，早期首次期日也可以变成主期日。若程序不能在早期首次期日终结，法院可以在此其间采取合理的措施为主期日做准备。②

第二，德国主期日采用的是先法庭辩论后证据调查的顺序。法庭辩论是依据诉求、事实和证据主张确定争议焦点，有整理和

---

① 参见段文波：《庭审中心视域下的民事审前准备程序研究》，载《中国法学》2017 年第 6 期。

② 参见［德］罗森贝克、施瓦布、戈特瓦尔德：《德国民事诉讼法》，李大雪译，中国法制出版社 2007 年版，第 759 页。

明确争点的功能。证据调查则是在法庭辩论中证据申请的基础上，对证据的证据资格和证明力进行质证和审核，进而认定相关案件事实。从民事主张责任和证明责任的法理来看，该种庭审构造契合规范出发型诉讼的思路，① 并且在主期日的主要内容中，证据调查构成主期日的核心内容。

第三，2001 年的民事诉讼改革对第一审程序进行改造，以实现在法官审理案件之前，当事人之间就已经进行了全面的信息交换，案件应当在进行了答辩之后或者答辩期间届满没有取得成果时才交给法官处理。只有了解被告立场之后才能有目的地推进程序、准备期日或者进行和解等。如果被告没有提出合理的防御，应当给予原告申请早期期日和作出快速终局判决的权利。② 根据《德国民事诉讼法》第一百三十八条第二款、第三款，各当事人均应当就对方当事人主张的事实作出声明。明确无争议的事实应当视为被自认，但从当事人作出的其他声明中可以得知其意图进行争议的除外。

第四，强化法院的实质诉讼指挥权。面对当事人主义可能带来的诉讼拖沓与迟延，《德国民事诉讼法》自 1924 年确定法院的实质诉讼指挥权以来，在后续的改革中不断强调和强化法院在程序中的实质诉讼指挥。其基本内容包括释明义务、法律观点指出义务和询问义务，具体来说：(1) 释明义务，根据《德国民事诉讼法》第一百三十九条第一款、第三款的规定，必要时，法院应当与当事人就事实情况和争议情况从事实和法律方面进行讨论，并提出问题。法院应当致力于让当事人对全部重要事实作出及时

---

① 参见林洋：《大陆法系民事诉讼庭审规则》，载《人民法院报》2020 年 8 月 21 日。

② 参见［德］罗森贝克、施瓦布、戈特瓦尔德：《德国民事诉讼法》，李大雪译，中国法制出版社 2007 年版，第 35~36 页、第 760 页。

而完整的声明，尤其是在对所主张的事实声明不充分时予以补充，列明证据手段，提出适当的请求。并且，在依职权考虑的事项上存在疑问时，法院应当提请当事人注意。（2）法律观点指出义务，根据《德国民事诉讼法》第一百三十九条第二款的规定，当事人明显忽略了某种观点或者认为其不重要时，包括但不限于涉及从属债权时，法院对此给予提示并且在提供了发表意见的机会后，才可以将该观点作为裁判的基础。法院对一项观点作出与当事人不同的判断时，本规定同样适用。（3）询问义务，根据《德国民事诉讼法》第四百四十八条规定，辩论以及可能实施的证据调查的结果尚不足以使法院对待证事实的真伪形成心证时，法院也可以不经当事人申请且无须考虑证明责任而命令，就该事实询问当事人一方或双方。根据《德国民事诉讼法》第四百五十二条第一款的规定，当事人未经宣誓所作的证言不足以使法院就待证事实的真伪形成心证时，法院可以命令当事人就其证言进行宣誓。在询问双方当事人时，就同一事实只能要求一方当事人对其证言宣誓。

第五，要求当事人及时提出攻击防御方法。1877 年《德国民事诉讼法》对当事人的攻击防御方法采纳的是“随时提出主义”，允许当事人可以在诉讼的任何阶段提出攻击或防御方法。在后续的修正中，《德国民事诉讼法》发展了“适时提出主义”，即根据诉讼的进行状况，当事人必须在适当的时机提出攻击防御方法的原则（《德国民事诉讼法》第二百八十二条）。在此基础上，《德国民事诉讼法》第二百九十六条规定了攻击防御方法的失权。按此规定，一是在为其指定的期间届满后才提出的攻击和防御手段，仅当法院依自由心证认为允许该手段不会拖延诉讼的解决或者当事人充分说明了迟延的正当理由时，才被允许。二是违反《德国民事诉讼法》第二百八十二条第一款未及时提出或者违反该条第二款未及时通知攻击和防御手段的，当法院依自由心证认为允许该手段会拖延诉讼的解决而且迟延是因重大过失造成的时，可以将其驳回。

第六，规定当事人的真实义务。当事人的真实陈述义务，是指当事人应当就其知晓的案件事实进行真实陈述，不得作虚假陈述。除了真实陈述外，当事人还应当尽可能完整地陈述与案件有关的事实，不得故意隐瞒对案件有重要意义的事实。而且，当事人不得以虚假陈述或隐瞒事实的方式滥用诉讼权利，损害对方当事人或公共利益。

结合上文所述的制度及其背景，德国学者认为，对轻微案件和小额案件适用快速、集中的庭前处理模式，是一种常态，而完整的诉讼程序则应作为例外情况。[①] 由此，德国民事诉讼中的主期日虽然不会像美式庭审那般，在各种内外因素的合力作用下走向消亡之境地，但也确实不会被认为是必不可少的程序环节。

四、我国的开庭审理：泛化与中心化

在我国法律语境下，开庭的概念一直有着更为广泛的含义，其与德国、日本民事诉讼中的主期日或言词辩论期日不能完全等同。在我国民事诉讼制度史中，开庭审理始终占据重要位置。大体上，人物（两造和法官）和地点（比如法庭）这两个形式条件齐备，就可以说进行了开庭审理。无论从哪方面看，传统汉语沿袭下来的“开庭”，不完全对应证据调查阶段，而是一种将当事人传唤到一起，以便法官直接获得事实信息的形式。比如在宋元时期，司法机关接受诉状以后，即须开庭审理，“当厅诘问供

---

① 参见［德］彼得·吉勒斯：《对德国民事诉讼程序改革现状的探讨——从德国视角出发的一个比较法视角》，秦雪娜译，载彭海青、吕泽华、［德］彼得·吉勒斯编著：《德国司法危机与改革——中德司法改革比较与相互启示》，法律出版社2018年版，第219页。

对”，也就是由审判官就两造所争向当事人问询，当事人就官府所问进行回答、供述。[①] 此外，开庭虽然有查明事实之意，但并不承载程序正义的价值，它在很大程度上是一种便于调查事实的朴素考虑，因为当面调查往往比书面形式更真切、更便利。像是《周礼·小司寇》《唐六典》记载的“五听”[②]，就是通过辞听、色听、气听、耳听、目听，判断当事人陈述的真伪。不过在一些时候，当书证具有最重要的证据意义（比如公文书）时，当事人口头描述的意义便减弱，此时裁判者也不会专门为了程序的独立价值而强调口头辩论。最后，我国历史中的开庭不唯审判论，很多时候将双方聚拢在一起，是为了调解。调解多由司法官当堂进行，往往是调解无效时，才依法裁断之。

在现代民事诉讼观的影响下，我国现在的民事诉讼开庭审理，不仅有人员、地点的要求，还需要根据“公开、对席、口头、直接”的原则，配备一些特别要素。通说认为，开庭审理应当从三个方面来把握：（1）开庭审理必须采取法庭审理的形式。法庭既指由审判人员组成的合议庭，即开庭审理的审判组织形式，也指用于审判的特定空间，包括专门设置于人民法院的，或者就地办案所使用的临时性的场所。（2）开庭审理原则上应当采取公开审理的形式。贯彻公开审判原则有助于体现诉讼民主，防止法官擅断，保证案件审理的公正进行与裁判的正确作出。（3）开庭必须采取言词审理的形式。与书面形式相比，言词审理便于当事人充分行使辩论权和其他诉讼权利，便于其他诉讼参与人参与诉讼，便于法院直接审理案件并在此基础上查明事实，同时也便

① 参见张晋藩主编：《中国民事诉讼制度史》，巴蜀书社 1999 年版，第 72、74、126 页。

② 据郑玄的注释，辞听是“观其出言，不直则烦”；色听是“察其颜色，不直则赧”；气听是“观其气息，不直则喘”；耳听是“观其聆听，不直则惑”；目听是“观其眸子视，不直则眊然”。

于到场旁听者对庭审活动进行监督。它是人民法院保障庭审质量、提高庭审效率的最佳形式。① 另外，单就其外观而言，有学者调研指出，一个完全意义上的开庭审理应该达到以下的条件②：（1）依法定程序进行了事先的送达和为了实现公开审判原则而提前公告；（2）合议庭成员全体到庭主持审理；（3）由书记员作正规的庭审笔录；（4）在法院内的法庭上进行审理；（5）审理原则上按法定的顺序进行；（6）法官身着制服或法袍就座。③

不过，随着经济社会发展和科技特别是信息技术的进步，我国的开庭审理在实际的方式、流程和内容上出现了新的发展，体现出因应实际需要的灵活一面。这不仅体现为"非正式庭审"在我国实践中长期存在，还有另一些与传统庭审差异较大的庭审方式，也被纳入开庭审理的范畴。比如，在时代的需求和科技的助力下出现的非同步审理，典型的有杭州互联网法院的异步审理、广州互联网法院的在线交互式审理和北京互联网法院的非同时庭审等。而《人民法院在线诉讼规则》第二十条明确了非同步审理可以应用于庭审，并且将此形式推广到三大互联网法院以外的其

① 参见江伟主编：《民事诉讼法学原理》，中国人民大学出版社 1999 年版，第 614~616 页。

② 有研究者归纳了正式开庭的八个程序要件：（1）开庭前依法定程序送达；（2）依公开审判原则提前公告；（3）双方须到庭，法官原则上不得就案件事实或法律问题与单方当事人交流；（4）普通程序案件开庭时合议庭成员全部到庭，不能仅由承办法官一人主持开庭；（5）书记员作正式的庭审笔录，法官与书记员各司其职，法官不得自审自记，书记员不得主持开庭；（6）依法定顺序进行审理；（7）在审判庭进行审理；（8）法官身着制服或法袍，宣布开庭、维持法庭纪律、休庭、宣判、闭庭时使用法槌等。参见徐昕、徐昀：《非正式开庭研究》，载《比较法研究》2005 年第 1 期。

③ 参见王亚新：《实践中的民事审判（续）——四个中级法院民事一审程序的运作》，载《现代法学》2003 年第 6 期。

他人民法院。[①] 以上海市高级人民法院的在线异步庭审为例，展示这一新形式的开庭审理的流程特征：

《上海高院关于在线异步诉讼的若干规定（试行）》

第九条　在线异步庭审一般按以下顺序依次进行：

（一）原告确认起诉状内容或进行补充修改；

（二）被告答辩、第三人陈述；

（三）法官归纳争议焦点；

（四）各方当事人确认争议焦点或提出补充修改意见；

（五）固定争议焦点；

（六）举证；

（七）质证；

（八）相互发问；

（九）法庭询问；

（十）法庭辩论；

（十一）最后陈述；

（十二）征询调解意愿；

（十三）调解；

（十四）庭审结束。

对于当事人没有争议或争议不大的案件，可以直接围绕诉讼请求进行庭审，不受法庭调查、法庭辩论等庭审程序限制。

庭审流程由法官主持，除（六）（七）（十）三个阶段分别给予当事人48小时外，其余各阶段均以24小时为限。当事人有特殊情形需要延长期限的，应向法官提出延长申请，由法官决定

① 《人民法院在线诉讼规则》第二十条规定，经各方当事人同意，人民法院可以指定当事人在一定期限内，分别登录诉讼平台，以非同步的方式开展调解、证据交换、调查询问、庭审等诉讼活动。

是否延长期限。各阶段给予每个当事人的延长期限一般不超过48小时。当事人均有调解意愿并要求给予一定调解期限的，法官可以在结束在线异步庭审的同时另行发起在线异步调解。

在线异步庭审中，在庭审开始时对当事人的身份确认、最后陈述时对当事人“本次庭审中的所有陈述均系本人真实意思表示”的重申要求等环节，当事人应当按照法官要求，通过录制视频并上传至线上诉讼平台的方式参与庭审。

在线异步庭审因其高效、便捷等特征，迅速在实践运用中取得令人瞩目的成效，并且在开庭审理的总数中占据可观的份额。在2019年杭州互联网法院开始异步审理一年半之际，其采用异步审理模式审理案件的数量约占以在线方式审理案件总数的20%，整个诉讼流程可在二十日内完成，比传统审判模式节约一半以上的时间。[①] 根据上海市高级人民法院的统计数据，仅2022年3月1日至5月31日，其共完成在线庭审5.98万场，占全部庭审数的77.98%，参与在线庭审法官人数2509人；开启异步庭审（主要是谈话、调解等）2.39万场，占在线庭审总数的40.07%。[②]

不过，在开庭审理具体形式不断丰富的同时，其程序性地位也被更加强调和凸显。《最高人民法院关于全面深化人民法院改革的意见——人民法院第四个五年改革纲要（2014—2018）》将

---

① 参见杜前：《“异步审理”约占在线审案两成，诉讼流程20天内完成》，载新浪网，https://news.sina.com.cn/o/2019-12-04/doc-iihnzahi5217047.shtml，2024年8月1日访问。

② 参见上海市高级人民法院：《对市十五届人大六次会议第0972号代表建议的答复》，载上海市高级人民法院网，https://www.hshfy.sh.cn/shfy/web/jyta_xxnr.jsp?pa=aaWQ9MDk5MTkwODU4NDY0NzU3ODAxODQ2NGQ2MGM1MDAwMGIPdcssz#:~:text=%E3%80%82，2024年8月1日访问。

建立以审判为中心的诉讼制度作为主要改革任务之一，民事诉讼领域也对审判中心主义以及“庭审中心主义”作出了积极响应。代表性观点认为，以庭审为中心是指在审理民事案件过程中，法官前期组织当事人、司法辅助人员以完成庭审的准备工作为要务，开庭审理时法官对案件的调查实现诉讼证据认定在法庭、案件事实查明在法庭、诉辩意见发表在法庭、裁判理由形成在法庭、裁判结果确立与宣告完成在法庭的民事诉讼原则。民事诉讼确立庭审中心原则，被认为是提高司法公信力的重要路径，是优化诉讼程序、提升司法效率的重要法宝，也是遵循民事审判规律活动的必然要求。①

五、小结：对我国开庭审理的重新审视

在我国，开庭审理的一个重要功能就是给予当事人围绕事实证据进行辩论的机会，通过对审审理来揭示事实，并且将相关的主张和举证都置于一个形式正当的程序之中。我国民事诉讼开庭审理的核心内容是法庭调查和法庭辩论。所谓法庭调查，是人民法院依照法定程序，在法庭上向当事人和其他诉讼参与人调查案件，审查核实各种证据以及当事人举证、质证的活动。所谓法庭辩论，是双方当事人及其诉讼代理人在法庭上就有争议的事实和法律问题，进行辩驳和论证，以维护其合法权益的活动。② 鉴于法庭调查的主要内容是证据调查，我国开庭审理可以被认为是既以证明程序为中心，又遵循了口头审理原则。但从比较法的视角来看，我国开庭审理两大阶段的定位尚有可供探讨的空间。

---

① 参见许云莉：《“以庭审为中心”是公平高效审判的坚实路径》，载中国法院网，https://www.chinacourt.org/article/detail/2015/11/id/1747512.shtml，2024 年 8 月 1 日访问。

② 参见章武生等：《司法现代化与民事诉讼制度的建构》，法律出版社 2000 年版，第 440 页。

第一，在法庭调查缺乏前端的过滤机制时，庭审的证据调查功能——“围绕诉讼标的和争点，当事人双方充分陈述主张和理由，对提出的证据进行质证，以辨明案件事实和法理会受到一定程度的影响”①。现如今的证明程序，往往是一个集中展示证据的场合，这与我国民事诉讼系以刑事诉讼为底本建构有一定的关系。甚至有论者激烈指出：刑事审判开庭质证只需要向法官展示公安机关和检察院获得的证据，并不需要“证明”事实，也没有辩论式事实证明过程。这在庭审中表现为一个证据、一个证据的展示，而不是一个事实、一个事实进行证明，这种质证的方式沿袭至今，并且为民事诉讼所模仿。以要件事实证明为目标的本证与反证对抗，以及以辩论主义原则为基本逻辑框架的事实证明和证明责任是近二三十年的事情。但即便审判方式改革确立了当事人主义的证明模式，但证明责任这一套完整的体系并未建立，更没有太多人将庭审质证与证明责任体系下的要件事实证明或以此为前提的法律适用联系起来。② 整体观之，我国民事诉讼不管在制度上还是实务中，都没有充分认识到区分“形成审理对象”与“证明该对象”这两个逻辑阶段的必要性，也未能理解这种区分对于确立当事人主体性和自我规则机制的意义。③

第二，受历史因素影响，我国的法庭辩论并未完全契合口头审理原则，也不是完全意义上的围绕争议焦点的双方对抗。历史上，我国民事诉讼对辩论原则、辩论权的理解，一度受到了苏联

① 参见张卫平等：《司法改革：分析与展开》，法律出版社 2003 年版，第 239 页。

② 参见傅郁林：《民事裁判逻辑与庭审优质化》，载“法宝学堂研习社”微信公众号 2023 年 1 月 5 日。

③ 参见段文波：《我国民事庭审阶段化构造再认识》，载《中国法学》2015 年第 2 期；王亚新等：《法律程序运作的实证分析》，法律出版社 2005 年版，第 36 页。

民事诉讼观念较大的影响，对于开庭中的辩论的理解也一度受到苏联庭审观念的影响。苏联民事诉讼中的法庭辩论，即便在外观上类似于大陆法系中的当事人辩论程序，但其实质是让案件参加人及代理人发表辩护词，相当于是为当事人提供了补充意见的机会，也为再行法庭调查提供了契机。可以说，苏联民事诉讼中的法庭辩论与大陆法系源于口头审理方式的口头辩论在性质和功能上相距甚远，其性质和功能实际上更接近于英美法系庭审中的最终辩论，因而被认为与口头审理原则并无关系。①

总而言之，庭审提供的是争讼案件事实辩明的正当程序，其核心就是证明程序，那么庭审功能发挥的前提，就是确定哪些案件需要进入证明程序，或者案件中的哪些事实需要经过证明程序方可确定。因此，我们需要对民事主张责任法理进行深入讨论，以从静态的角度奠定庭审功能发挥的基础，并研究在诉讼中如何确定具有证明需要的事实，以从动态的角度明确开庭审理的前提。

---

① 参见段文波：《我国民事庭审阶段化构造再认识》，载《中国法学》2015年第2期。

第二节 庭审功能发挥的基础：民事主张责任

规范出发型的诉讼下，诉讼内的事实查明需要密切围绕相应请求权的权利产生事实与抗辩事实，而在要求当事人对事实进行举证之前，首先需要强调的是当事人的主张责任。主张责任是指当事人负责提出利己的要件事实（行为主张责任），否则承担败诉的后果（结果主张责任），其法理包括了主张责任的对象、主张责任的分配、结果主张责任的承担等。主张责任概念从辩论主义基本命题中衍生出来，其理论的建构紧密地依托辩论主义的原理，因此，伴随着现代社会对辩论主义的修正，促进诉讼和防止突袭等现代民事诉讼价值观也显著地体现在主张责任理论之中。

一、辩论主义的变迁与主张责任

在构成裁判基础的资料的收集提供方面，当事人主义与职权主义的对立，表现为辩论主义与职权探知主义的对立。而辩论主义中对事实资料与证据资料的严格区分，使得收集、提供事实资料的责任成为一个独立的概念——主张责任。传统辩论主义认为，法官不可介入当事人收集、提供事实的过程，因为以什么样的事实作为请求的根据，属于当事人意思自治的领域，法院应当充分尊重当事人在这一领域的自由，始符合辩论主义的根本精神。① 相应地，这种“自治”的思想也反映在对主张责任的理解上。通常认为，主张责任的内涵为辩论主义的第一个基本命题所揭示，即“直接决定法律效果发生或消灭的必要事实，只有在当事人的辩论中出现才能作为判决的基础，法院不得将当事人没有主张的事实作为判决的基础”②。也就是说，主张责任的法理，是对于当事人没有提出的事实，法院即使知晓也不得依职权将其作为裁判的事实依据，于是没有提出该主张的当事人，将遭受该法律要件事实得不到法院认定的不利后果。不难发现，此间对主张责任的概念、功能上的阐释，着重于结果意义上的主张责任。

传统辩论主义所拟制的是一种对等者之间的竞技规则，但是对于当事人实际上是否平等的考虑不周，再加上 19 世纪后半叶起的社会生活复杂性以及法律的样态变化，使得对辩论主义的修正成为民事诉讼的普遍动向。在当代社会，过分扩大当事人的自由，反而会背离辩论主义乃至民事诉讼制度的期望，因为自由竞技式的结构容易掩盖当事人的实质不平等，也容易让一方当事人滥用权利并且从中获利。于是修正的辩论主义力求构建的，是一种“沟通对话式”的而非“为权利而奋斗”的平台。③ 它一方面扩大法院的裁量权，特别是依靠法官释明权的发挥，来平衡双方当事人的诉讼地位；另一方面，又强调诚信原则以及当事人的真实义务、协力义务等，以抑制私人的肆意行为。如此一来，现代辩论主义试图促成双方当事人和法官在事实收集和提出中的协

---

① 参见［日］谷口安平：《程序的正义与诉讼》，王亚新、刘荣军译，中国政法大学 2002 年版，第 139 页。

② ［日］谷口安平：《程序的正义与诉讼》，王亚新、刘荣军译，中国政法大学 2002 年版，第 24 页。

③ 参见沈冠伶：《民事证据法与武器平等原则》，我国台湾地区元照出版有限公司 2007 年版，第 19 页。

作，这也对主张责任理论产生了显著的影响。一是在对主张责任概念的讨论中，有向行为意义上的主张责任靠拢的趋势，学者们意识到："相对于在诉讼结束时遗漏主张的情况，当事人如何提供足够的主张来获得胜诉显得更为重要。"① 二是在主张责任的实际功能上，不单强调用严防法官干涉的方式来维护当事人主义，也开始重视主张责任促进信息流动和防止突袭裁判的机能。

二、主张责任的对象

主张责任的对象首先属于事实的范畴，其中之所以不包括证据方面的内容，是因为提出证据的责任已为主观证明责任所规制。进一步来看，主张责任的对象应当是要件事实，即直接导致某项民事权利义务关系或民事法律效果发生、妨碍、阻却或消灭的事实。因为作为主张责任对象的事实，题中应有之义是，当事人未主张则法院不能在裁判中认定，通常认为，只有要件事实才享有此等地位，而间接事实由于是用来推导或证明要件事实是否存在的事实，与证据具有等质性，属于法官形成内心确信的材料，无须当事人主张亦可为法官认定。

然而，与学界在辩论主义适用范围上的争论相关，主张责任以要件事实为对象这一通说也被质疑，主要集中于以下两点：一是某些法律关系中的要件事实为消极事实，例如构成不当得利的"没有法律上的原因"要件，消极事实则常须借由可察觉的积极事实来证实与推论；二是某些法定的要件事实甚至不能算作真正意义上的事实，例如，一般侵权责任中的"过错"要件当属法律上的评价，而评价只能通过衡量其他具体事实而得出。这两种情境下，通说的问题在于将要件事实限于"没有法律上的原因"

① 肖建国、包建华：《证明责任——事实判断的辅助方法》，北京大学出版社2012年版，第33页。

“过错”本身，这意味着具体的、根据性的事实属于间接事实，故而在主张责任规制范围之外，如此当事人便处于突袭裁判的危险中。典型的例子是在机动车之间的交通事故中，被告司机的“过错”是要件事实之一，借以表明“过错”的间接事实是被告超速行驶，那么依照主张责任的逻辑，法院可以不经当事人主张而认定被告超速，但是这种做法就有突袭裁判之嫌疑。① 简言之，现今在“主张责任对象限于要件事实”上的争议，是源于主张责任对象应当具备的具体性与要件事实可能带有的抽象性之间的矛盾。

关于如何消除上述的具体与抽象间的矛盾，理论上存在诸多见解，其中代表性的思路有两种：(1) 直接扩张主张责任对象事实的范围。比如，认为主张责任的对象不限于要件事实，还包括重要的间接事实，即不论是要件事实还是间接事实，只要对诉讼胜败产生的影响的重要事实都应受到主张责任的规制。② 按此，在上述的交通事故案件中，被告的超速可被视为重要的间接事实，从而需要当事人主张。这一方法的缺陷，在于何种间接事实是“重要的”从理论上颇难界定。若将如何认定裁判上重要的事实全部委托给法官裁量，一定程度上反而增加了当事人遭受意外打击的危险，因为实践中当事人和法官就某项事实是否属于“重要的间接事实”可能有不同的判断。③ 更何况，主张责任对象包括间接事实，本身就存在“间接事实与证据等质性”方面的障碍。(2) 另外创设概念来迎合主张责任对象在应然上的范围。比

① 参见许可：《民事审判方法——要件事实引论》，法律出版社2009年版，第33页。

② 参见张卫平：《诉讼架构与程式》，清华大学出版社2000年版，第179页。

③ 参见刘学在：《论辩论原则适用的事实范围》，载《法学家》2005年第5期。

如，打破要件事实即主要事实的定义传统，将法律条文中构成要件所记述的事实作为要件事实，而将充实要件事实的具体事实作为主要事实（至于“某要件事实所对应的是什么样的主要事实”，则是法解释上的问题），之后确定主张责任的对象应当为主要事实。[①] 于是上例中的被告超速虽不是要件事实，却由于属于主要事实，故被纳入主张责任对象的范围。但是，这种给难题在概念上另辟一条出口的做法，在多大程度上有益于问题的实质解决是存疑的，因为我们仍需考察这种定位下的主要事实的详细内涵，若不能对此概念作出清晰的界定，则无异于回到了问题的原点。通过以上阐述可见，我们在寻求这一问题的解决方案时，常常感到两难：若倾向从具体层面来把握主张责任的对象，不仅可能失之过宽，而且要处理随之而来的审理内容繁杂、证明责任加重等问题；而若是容许抽象的主张，则又难逃造成突袭裁判的诟病。

就此问题，笔者赞同在主张责任法理中仍应坚持以要件事实为对象。首先，主张责任的对象限定于要件事实，并不代表当事人对要件事实之外的其他事实全无提出的义务。只不过诉讼中相关间接事实的提出，是与主张责任概念无涉的一个问题，它在很大程度上是一种机能上的需要，因为某些间接事实如不提出则当事人攻击防御的目标就不明确，辩论就难以开展；也可以说是证明技术上的需要，因为无法用直接证据证明要件事实时，可采用间接证据证明间接事实的方式，迂回地达到证明要件事实的目标。其次，主张责任的对象无法拓展至“对诉讼的胜败产生影响的事实”，还因为到底有哪些事实能算作“对诉讼的胜败产生影

① 参见［日］高桥宏志：《民事诉讼法：制度与理论的深层分析》，林剑锋译，法律出版社2003年版，第340~343页。也有学者将这种支撑抽象性构成要件的具体事实命名为“准主要事实”。参见［日］三月章：《日本民事诉讼法》，汪一凡译，我国台湾地区五南图书出版股份有限公司1997年版，第188页。

响的事实”属于事中判断，而非事前判断。仍以上述的交通事故为例，原告针对“过错”这一要件事实要为何种程度的主张，很大程度上要看被告对该要件事实争执与否，如果当事双方对于“过错”没有争议，那么诸如被告超速等证实“过错”的间接事实，自然够不上“对诉讼的胜败产生影响的事实”。可见，脱离个案或是超前于程序去预测哪些间接事实有影响诉讼胜败的能力，是不切合实际的。最后，相比于纷繁的间接事实，源于实体法律规范的要件事实在内涵上更为稳定，在范围上更为确定，对胜诉与否的意义也是毫无疑问的。故坚持主张责任对象是要件事实这一立场，有助于保持主张责任的对象在概念上的清晰，在实践中也有助于维护诉讼审理的安定。

三、主张责任的分配

辩论主义已经将收集提供事实和证据的任务委诸当事人，而主张责任的分配，则要进一步探究诉讼中应由哪一方当事人负责主张事实。这种探究主要关注行为意义上的主张责任，因为结果主张责任即由未能履行行为主张责任者承担。具体而言，一方面，抽象的行为主张责任始终存在于诉讼过程里，体现了一种静态的、稳定的分配原则，即行为主张责任应由因法律效果发生而受益的当事人承担。也就是说，原告负责主张权利产生事实，被告负责主张抗辩事实；另一方面，由于具体的行为主张责任迫使当事人在对造主张之后向法官提出更加确切的或者新的事实主张，故在双方的攻防交锋中，具体的行为主张责任可以随时在双方当事人之间转换，其分配即有动态的效果。①

① 参见［德］汉斯·普维庭：《现代证明责任问题》，吴越译，法律出版社2006年版，第66页。

（一）静态的分配——基于抽象的行为主张责任的分析

抽象的行为主张责任是对主张责任分配规则的一种鸟瞰式的概括，喻示着行为主张责任应由因法律效果发生而受益的当事人承担，即原告负责主张权利产生事实，被告负责主张抗辩事实。例如，在一般侵权案件中，原告负责主张违法行为、损害事实、因果关系和过错，而被告对职务行为、不可抗力、受害人过错等抗辩事由负有主张责任。如此分配，一是体现了裁判资料由当事人划定的观念。二是此分配标准还与辩论主义发现真实的目的相一致，因为由原告、被告各自负责利己事实的主张更具有期待可能性，即他们最有动力也最有能力实施利己事实资料的收集和陈述。“最有动力”无外乎是因为原告有充实诉讼请求之理由的利己心，同时被告也相应地有阻碍“诉的有理性”的利己心，故可期待双方会尽其可能提出权利产生事实和抗辩事实。“最有能力”是由于诉讼当事人通常熟知纠纷的前因后果，不仅能较好地把握要件事实的存在与否、细节如何，还在事实的实际收集上占据信息上的和成本上的优势，比如，合同纠纷中的当事人可在自己持有的主合同和从合同中寻找有利事实的蛛丝马迹，也可通过询问己方参与合同签订的工作人员来获知相关信息。三是抽象的行为主张责任所秉持的分配理念的正当性，还根植于纠纷解决的目的，因为在实体法明确了主张责任的分配规则之后，当事人能预期到自己充分主张与否所对应的后果，若未获得相应权益也难以归咎他人，故更可能期待当事人的服判息讼。

（二）动态的分配——基于具体的行为主张责任的分析

不同于抽象的行为主张责任旨在树立普遍适用的分配原则，

具体的行为主张责任更侧重于考察诉讼特定阶段中谁负有主张要件事实的责任。具体的行为主张责任的分配具有动态回应性的特点：原告首先主张权利产生事实，此时被告为使原告的事实主张无理由，既可以否认该要件事实，也可以用权利妨碍事实、权利阻却事实或权利消灭事实来抗辩。当被告抗辩时，则其负有主张抗辩事实的责任。尔后，如果被告完成了该行为主张责任，行为主张责任就转移至“再抗辩”的原告方面，原告可以进一步具体化其要件事实或者提出新的要件事实；同样地，原告完成行为主张责任之后，被告须再度担负行为主张责任。以一起买卖合同纠纷案为例，原告首先主张买卖合同存在以及被告未履行支付货款的义务，而被告以原告未履行提供货物的合同义务为抗辩；之后原告再抗辩，指出合同中有被告先支付货款的条款，而被告则可抗辩合同虽然规定己方先付款，但是基于原告的经营状况严重恶化，己方享有不安抗辩权；此时，若原告不再进一步抗辩，而是否认被告提出的不安抗辩权的事由，那么此争议的认定就交由证据证明程序。当然，抗辩与再抗辩的较量在理论上可以一直持续下去，行为主张责任便随着两造的攻击防御而在原被告之间流转。① 从上述的动态分配过程可见，具体的行为主张责任如同筛子一般，通过提出一轮接一轮的事实主张任务，过滤掉没有争议的事实，从而达到整理本案争点的效果。

---

① 现实中，双方当事人并不总是处于攻击防御的交锋之中，一方当事人对对方的事实主张可以报以认可的态度，即“自认”；或者，当事人可能作“不知”之陈述，在日本法上被推定为“否认”；再或者，当事人还可能以“沉默”来应对对方的主张，在不能判断其有争议意思时，可能被视为“自认”。参见［日］新堂幸司：《新民事诉讼法》，林剑锋译，法律出版社2008年版，第299页。

（三）主张责任分配与证明责任分配的关系

主张责任的分配常常被视为是证明责任分配的附随问题，不过综合考量之下，可发现两者之间的亲密程度被夸大了——它们并非依附与被依附、决定与被决定的关系，而是两个平行的问题，并且主张责任的意义也不明显小于证明责任的意义。因此，将两者混为一谈或者厚此薄彼的观念，理应得到细致地纠正。

这一论题首先可从主张责任分配与证明责任分配的关联性来看。一般认为，“谁主张，谁证明”是主张责任分配与证明责任分配之间关系的常态，表明了两者在行动上的一致性。然而这种一致性，与其说是发生在后的证明责任对在前的主张责任的牵制，毋宁说来自逻辑上更为前置的实体法律规范的“遥控”——实体法律规范中特定要件事实没有被当事人主张则不被法院考虑，故当事人对利己要件事实负有主张责任；实体法律规范中的要件事实如未被证实，则该要件事实对应的法律效果就不会发生，故当事人为获得其期待的法律效果而有证明责任。也就是说，主张责任分配与证明责任分配同为要件事实理论所涵摄，是要件事实理论中并驾齐驱的攻击防御方法理论。由此，主张责任分配和证明责任分配在行动一致性上的关联，只因两者有着相同的渊源，而不是某些著述中所阐述的依附与被依附的关系。

此外，虽然就主张责任分配与证明责任分配的不一致只能举出少量的例外，但从两者不一致的情景中不难发现的是，证明责任的分配远比主张责任的分配要复杂，因为“并非所有的事实都需要加以证明，但是，对于判决中要考虑的重要事实均必须得到主张”①。主张责任分配和证明责任分配相背离的情形主要包括：

① ［德］莱奥·罗森贝克：《证明责任论》，庄敬华译，中国法制出版社2002年版，第46页。

（1）证明责任倒置的情形，比如特殊侵权责任中的因果关系推定，主张利己事实者不承担证明责任，而由对方承担证伪的责任；（2）涉及相对免证事实之时，比如对于众所周知的事实、预决事实等，承担主张责任者无须使用证据证明；（3）取证困难申请法院调查之时，承担主张责任者申请法院调查证据以证明自己的主张，而其自身在一定程度上就“卸载”了提出证据的责任（当然此时结果证明责任不会发生改变）；（4）当事人为取得某一法律效果而主张特定事实，只在有争执之时才有证明责任适用的余地，特别是约束型辩论主义下的法官要受当事人自认约束，主张者也不需要就双方无异议的事实举证。可见，相比于证明责任分配中一系列有共识或有争议的规则，主张责任的分配还是比较单线条的，因此，哪怕是出于研究便利之考虑，也宜促使主张责任自成体系。

综上所述，主张责任的分配有相对独立的一套体系，抽象的行为主张责任传达了固定的分配原则，具体的行为主张责任则在诉讼过程中指导主张责任的负担。当然，这些内容主要是站在当事人的立场上得出的，而在法官的视角下，则必须注意所谓的“主张共通原则”，即不论是负有主张责任者提出的利己要件事实，还是不负主张责任者主张的于己不利的事实，都不妨碍法官将其作为裁判的根据。换言之，尽管主张责任被分配于原告和被告之间，但是违反辩论主义的是法院将双方当事人都未主张的事实作为判决的基础的情形。

四、结果主张责任

负有主张责任的当事人经过法官释明且没有具体化缓和的事由，但是仍然未完成行为主张责任时，则产生其主张不被法院考虑的不利后果，此为结果主张责任的内涵。由此可见，结果主张责任之于当事人就是“主张不被法院考虑的不利后果”，结果主张责任之于法院就是“不考虑当事人的主张”。在现代民事诉讼中，诸如法官释明等补救主张不当的措施的引入，使得当事人在现实中承担结果主张责任的概率大大降低，而在法院的角度上，结果主张责任对法院的规制则从不干涉当事人的主张转向了防止裁判突袭。

（一）结果主张责任之于当事人

对于当事人来说，结果主张责任在性质上属于一种风险负担，因为正如胜诉不是当事人的法律义务一般，主张责任也不是当事人的法律义务。法律并不用惩罚来强迫当事人履行行为主张责任，也就是说，这里“责任”的属性既不涉及权利也不涉及义务，而是当事人为了使法院作出对其有利的裁判，不得不承担的一种责任。在诉讼阶段，法院发现当事人无正当理由而没有主张一定程度的要件事实，经法院阐明而仍未补正的，有些国家是以“本案诉讼标的和诉讼请求没有实体事实支持”或者以“主张本身失当或不充分”为由，判决驳回原告的诉讼请求，此种立法值得我国借鉴。当然，还应当看到，结果主张责任所包含的不利益，虽然从诉讼伊始就对当事人形成一种压力，但是在法官释明和当事人主张具体化缓和的双重保险下，这种压力从潜在转化为现实的可能性并不大。正如日本学者指出的，实务中法院就请求原因事实作出释明的前提下，当事人仍然不响应法院释明（而遗漏主张）的情形，是极其罕见的，所以结果主张责任基本不会现实地发生。[①] 也就是说，结果主张责任原本的追究当事人主张不当方面的意义日渐式微了。

---

① 参见［日］高桥宏志：《民事诉讼法：制度与理论的深层分析》，林剑锋译，法律出版社2003年版，第432~433页。

（二）结果主张责任之于法院

结果主张责任虽然是当事人的责任，但其是通过直接调控法院行为来落实这种当事人的责任的，其本意就是在民事诉讼的实体判决阶段，法官不考虑当事人未主张的事实（或者未适当主张的事实），这与传统辩论主义严格的私权自治理念相一致。但是在现代民事之诉中，法院依其职权所已经知悉的当事人未提出的事实，如要以其作为裁判的基础，则应当向当事人释明，使当事人有辩论的机会；在证据调查程序中，法院发现于裁判重要但当事人未提出的事实时，亦有必要以阐明的方式，使当事人就是否提出该事实有表达意见的机会。只有当事人坚持不予主张时，才不可成为判决的基础。① 此外，对于当事人未主张的事实法官并非一概不予考虑，但问题在于法院判决的内容在多大程度上可以与当事人的主张不一致。对此，日本学者指出，“是否对对方当事人造成突袭”成为判断法官是否违反辩论主义的标准，并且在“没有造成突袭”的合理范围内，也应当允许法院通过对当事人主张进行适当的解释来使自己的认定与当事人主张趋于一致。②

① 参见沈冠伶：《民事证据法与武器平等原则》，我国台湾地区元照出版有限公司2007年版，第9~10页。

② 参见［日］高桥宏志：《民事诉讼法：制度与理论的深层分析》，林剑锋译，法律出版社2003年版，第339页。

第三节 庭审功能发挥的前提：法院对主张的审查

民事诉讼是事实发现的场所，但并非所有事实都对判决有意义，也并非所有事实都需要经过证明程序才可以作为判决的依据。前文已经提到，民事诉讼的事实查明应以当事人的事实主张为切入点，开庭审理既然是事实辩明的场所，开庭审理的前提就是当事人的事实主张有展开证明程序的需要。根据辩论主义，当事人需要自行主张和证明权利产生事实或抗辩事实，然而在具体的、动态的诉讼过程中，此类事实并不一定都具有证明的需要。所以进入证明程序、要求当事人举证之前，理当将不具有证明需要的事实滤除，从而明确需要用证据证明的事实。

以主张责任法理为基础，德国民事诉讼的主流做法是，将审查事实主张以确定证明需要的动态过程分为三个阶段：第一阶段是确定诉之有理性，解决整个案件是否有进入证明程序的需要；第二阶段是确定有裁判显著性的事实，即基于实体法对当事人的事实主张进行审查；第三个阶段是确定具有证明需要的裁判显著性的事实，即基于程序法对当事人的事实主张进行审查。其中，诉的有理性是构成整个案件是否要进入证明程序的前提，后续审查构成特定事实主张是否要进入证明程序。

一、审查主张的三个层次

（一）确定诉的有理性

大陆法系通说认为，诉的要件分为起诉要件、诉讼要件（诉的合法性[①]和胜诉要件（诉的正当性），其中起诉要件决定了案件是否能系属于法院，诉讼要件决定了案件是否需作出实体判决，胜诉要件决定了原告是否能获得实体胜诉判决。从另一个维度上，在代表程序要件的诉的合法性（Zulässigkeit）与代表实体要件的诉的正当性（Begründetheit）之间，还存在诉的有理性（Schlüssigkeit）这一概念。[②] 诉的有理性要解决的是，需要作出实体判决的案件是否需要通过证明程序来判决。

因此主张审查的第一层次，是将当事人主张与实体法规范确定的要件事实相比照，确定原告之诉的有理性，这是整个案件有必要使用证明程序、本诉讼有必要启动证明程序的前提。具体来说，法官假定原告主张的事实全部为真，从而判断其是否能够支持其请求权成立，也即在假定当事人主张的事实为真的情况下，考察其追求的法律效果是否能够得以实现。[③] 法官先根据诉讼标的相关的实体法规范确定要件事实，而后将本案中的事实涵摄于要件事实，以此来确定本案中的主要事实之所在、评价主要事实是否足以支撑实体法上的法律后果。如果原告陈述不能满足任何

---

① 参见［德］丹尼尔·乌尔贝尔、［德］菲利克斯·比索夫：《民事诉讼法：审判程序基本原理要论》，夏志毅译，曹志勋校，载《燕大法学教室》2022 年第 8 期。

② 我国的现有文献中，对应 Schlüssigkeit 的翻译包括诉的有理性、诉的一贯性、诉的正当性等。本文采纳“诉的有理性”的译法，同时将 Begründetheit 译为“诉的正当性”。

③ Vgl. Musielak/Voit, Grundkurs ZPO, 13. Auflage, 2016, Rn. 719.

一项请求权基础的适用前提，原告诉请就不具有有理性，不必举证即可判定原告败诉。①

（二）确定有裁判显著性的事实

当事人在诉讼中的主张具有连接客观证明责任分配、主观证明责任分配和具体举证责任的意义，但实际上，只有具有裁判显著性的主张才能发挥此种效用。诉讼中当事人主张的事实具有裁判显著性，是该事实具有证明需要的前提。前述第一阶段的诉之有理性的判断是以原告之诉整体为对象，对原告主张的事实进行单方面的审查，相比之下，第二阶段确定有裁判显著性的事实，则是审查原告、被告双方主张，以确定特定事实主张于法院实体判决是否有意义，若无意义则无须围绕该事实主张进行举证。

至于何为具有裁判显著性的主张，源头上是由实体法律规范决定的。就原告主张的事实而言，如果其对于判断诉的有理性产生影响，则该事实具有裁判显著性。在被告方面，假定被告主张的事实全部为真，是否足以产生法律上的否认或抗辩的效果，也即是否产生否定权利产生事实的效果或法定抗辩规范的效果。简言之，原告和被告的主张具有裁判显著性，是双方之间形成具有法律意义的争点的前提，否则即便有争议也不影响法院实体审判。②

以行人与机动车之间的交通事故损害赔偿为例，行人作为原告向人民法院提起损害赔偿侵权之诉，其事实主张之一是机动车驾驶人对事故的发生存在过错，因为驾驶人在通过十字路口之际未按照交通信号灯通行。一方面，原告的主张便不具有裁判显著

① 参见吴香香：《Relationstechnik：诉讼实战中的请求权基础思维》，载《燕大法学教室》2021年第1期。

② ［日］福田清明：《德国的Relationstechnik与民法教育——以要件事实论的比较》，张挺、周旭诚译，李昊校，载《燕大法学教室》2022年第6期。

性，因为根据我国《道路交通安全法》第七十六条第一款第二项的规定，机动车与行人之间发生的交通事故采纳的是无过错责任原则，故机动车一方就事故的发生是否具有过错，均不影响其侵权责任的成立。因此，原告有关过错的主张便无须纳入证明的视野内。另一方面，如果被告在此案件中主张自己不存在过错，与己方无过错相关的事实主张（比如已经尽到审慎义务）也都不具有裁判显著性。被告在此主张己方无过错，首先无法产生否定原告权利产生事实的效果，不影响原告主张的权利成立；此外，由于无过错也不构成被告的法定抗辩事由，故该主张也无法起到减轻或免除责任的效果。故此，被告有关无过错的事实主张也无须进入证明程序。

（三）确定具有证明需要的裁判显著性的事实

根据证据裁判原则，直接事实是需要当事人提供证据加以证明的，而法院应当运用经过法定的证据调查程序“筛查”出的具有证据能力的证据来证明或者认定案件事实。这里，成为证明对象的事实首先应当具有法律意义，也即具有裁判显著性，能够导致某项民事权利产生、妨碍、阻却或者消灭。再者，成为证明对象的事实还是有必要利用证据加以证明的事实，即真实性尚未确定或者存在争议的事实。而实际上，有些具有裁判显著性的事实主张，在诉讼内却是不具有证明需要的，此类事实便构成了证据裁判原则的例外。① 以下以德国法为例，简要概括之。

---

① 民事诉讼中，如果当事人提出合法异议、提出充足反证、发现新的事实或者撤回诉讼上自认等，“免证事实”则成为证明对象。司法认知事实、推定事实、裁判已决事实和公证事实的免证效力存在于公益案件和私益案件；但是，诉讼上自认事实的免证效力仅存在于私益案件，构成辩论主义的内容而不属于职权探知主义的内容。参见邵明：《论民事诉讼证据裁判原则》，载《清华法学》2009 年第 1 期。

1. 已经被证明或被视为已证明了的事实

显著的事实和法律推定的事实属于已经被（视为）证明了的事实，自然没有必要再为之举证。根据《德国民事诉讼法》第二百九十一条的规定，“于法院已经显著的事实，不需要提供证据。”所谓显著的事实，是指为大众所知或者法院因其职务行为所知悉的事实。法院因其职务行为所知悉的事实并不包括法官的私人知识，并且也不包括我国民事诉讼法内的预决事实。除了显著的事实，法律推定亦有排除特定事实的证明需要之效力，带来当事人举证责任的免除。其依据是《德国民事诉讼法》第二百九十二条第一句，即“法律上推定某一事实存在时，如无另行规定，许可提出反面证据”①。

2. 诉讼内自认、未争执或作出不被许可的“不知”陈述

当事人作出诉讼内的自认，可导致相关事实丧失证明的必要性（《德国民事诉讼法》第二百八十八条）。诉讼内自认的内涵，可从三个方面加以认识：第一，自认针对对方当事人主张的事实为之，这使其区别于认诺（《德国民事诉讼法》第三百零七条）。第二，诉讼内的自认有免除举证责任的效力，但诉讼外自认则不具此等效果。诉讼外自认更经常被当作间接证据，在证据评价环节辅助法官的事实认定。② 第三，依照辩论主义原则，法官裁判应受当事人诉讼内自认的拘束。并且，作出自认的当事人原则上在所有审级均受此自认的拘束，只在《德国民事诉讼法》第二百

① 德国法中所说的反面证据，在性质上属于本证，而不是反证。反面证据是对某一事实负有客观证明责任的当事人的举证，该证明需达到使法官内心确信的证明标准，即本证的证明标准。Vgl. Thomas/Putzo, ZPO, 36. Auflage, 2015, C. H. Beck, vor § 284 Rn. 7; § 292 Rn. 4; BGH NJW 2002, 2101.

② Prütting, Münchener Kommentar ZPO, 4. Auflage, 2013, § 288 Rn. 38.

九十条①允许的例外下，才准许自认的撤回。②

除了明确的诉讼内自认，一方当事人未予争执也产生承认对方当事人事实主张之效果（《德国民事诉讼法》第一百三十八条第三款）。而没有作出具体化的争执，也被视同未予争执。至于争执需要具体到何种程度，常常取决于负有主张责任的当事人的主张的具体化程度。如果负有主张责任者仅作出概括性的事实陈述，那么便允许对方当事人为简单争执或概括争执。

当事人的"不知"陈述原则上不被准许，一方当事人须就对方当事人主张的事实作出回应（《德国民事诉讼法》第一百三十八条第二款）。不过对于某种事实，它既非当事人自己的行为，又非当事人自己所亲自感知的对象，此时可以例外地许可"不知"陈述（《德国民事诉讼法》第一百三十八条第四款）。不被许可的"不知"陈述将导致对方不必就其主张提出证据，这便排除了特定事实的证明需要。

综上所述，按照《德国民事诉讼法》理论，当事人主张的事实最终被认为具有证明的需要，仅当它对于法律争议的裁判具有显著作用、未被认为是已经证实的且对方当事人对其有具体的争议之时。③ 可见，具有证明需要的事实是伴随诉讼程序的推进而逐步确定下来的。

二、主张具体化之要求

既定的主张责任分配规则下，承担主张责任者应在何时提出何种事实资料才被认为完成了主张责任，进而避免结果主张责任

① 根据该条文的规定，当事人能够证明其自认的内容不合乎真实情况，或者证明其自认是出于误解而为之，则其对自认的撤回才生效。

② Pohlmann, Zivilprozessrecht, 3. Auflage, 2014, C. H. Beck, Rn. 345 ff.

③ Pohlmann, Zivilprozessrecht, 3. Auflage, 2014, C. H. Beck, Rn. 331.

中的不利益，属于主张具体化的问题。[①] 主张具体化的基本要求有两个方面：一是当事人不能仅抽象地为要件事实之主张，而应作具体的陈述；二是当事人不能恣意地为要件事实之主张，即其陈述不能是凭空捏造的或仅为射幸式的陈述，否则即便外观上看非常明确、具体，也不能认为其满足了具体化的要求。[②] 不过概括式的要求在具体落实中则稍显复杂，因为在民事诉讼的不同阶段，对当事人主张的具体化程度的要求是有差异的。鉴于"先程序后实体"的原则，原告起诉时主张的具体化程度只需达到较低的识别说的标准；而起诉阶段没有满足事实主张充分性的，则须在之后的诉讼阶段中补足，并且诉讼阶段所要求的主张具体化的程度还可能随着两造攻击防御的展开而逐步提高。下文将从起诉阶段和诉讼阶段分别进行讨论。

---

① 在民事诉讼法理论中，"具体化"一词会因处于不同的语境而有不同的含义。"主张的具体化"回答的是主张责任中的主张需要达到什么标准，才可避免结果意义上的主张责任，因而其中的"具体化"单指要件事实的充实。参见占善刚：《主张的具体化研究》，载《法学研究》2010年第2期。需要加以区分的是，"当事人的具体化义务"中的"具体化"针对的是事实陈述，包含了三类内容：主张性陈述（当事人对支持其诉求的法律要件事实所作的陈述）、争议性陈述（当事人对负举证责任的当事人主张的要件事实提出的相反或不同意见的陈述）以及证据声明（当事人在申请提出证据调查时，就待证事实、证据方法、立证旨趣等所作的说明）。参见胡亚球：《论民事诉讼当事人具体化义务的中国路径》，载《清华法学》2013年第4期；参见姜世明：《举证责任与真实义务》，我国台湾地区新学林出版股份有限公司2006年版，第279页。

② 参见占善刚：《主张的具体化研究》，载《法学研究》2010年第2期。

（一）起诉阶段的主张具体化①

根据司法的基本性质和可诉性标准，作为诉的构成要素的诉的原因事实应当载明于起诉状中，此为原告主张责任的内容之一。至于原告应对诉状中的诉的原因事实作何种详细程度的记载，在大陆法系学理上有识别说和理由记载说两种观点。识别说认为，原告在诉状中只需主张使本诉或其诉讼标的能够得以特定化或能被识别出所需的最低限度的权利产生事实，即原告在诉状中对诉的原因事实的记载可以具体地叙述原因事实，以至于可以与其他事实区别开来，并且该记载适合于用来说明原告诉讼请求的理由即可。理由记载说则认为，作为原告请求之权利主张获得正当认可所需的全部事实，都应当在诉状中作出记载。② 从大陆法系国家和地区的立法来看，基本上是肯定了识别说标准的合理性，而将诉状中记载管辖、攻击防御方法等事项的规范作为训示性的规定，而非效力性规定。

为保护当事人诉权并根据“先程序后实体”原理，我国在原告起诉阶段的主张具体化的立场上，也应当采用上述的识别说标准。首先，原告在诉状中主张事实的具体化程度首先要足以使诉特定，比如，原告起诉被告偿还借款，起诉时通常只需主张借款

---

① 关于起诉阶段原告须在诉状中主张事实这一行为，日本仓田卓次法官将其看作不同于主张责任概念的、与证明责任分配大致无关联的“诉状言及责任”。参见［日］高桥宏志：《民事诉讼法：制度与理论的深层分析》，林剑锋译，法律出版社2003年版，第436~437页。笔者认为，虽然对主张责任的考察常在两造辩论的情景中为之，但不能否认起诉阶段主张责任的存在，因为抽象的行为主张责任本就意味着诉讼自始至终，都要求权利请求人主张请求成立的事实和权利之被请求人主张反驳事实。

② 参见［日］新堂幸司：《新民事诉讼法》，林剑锋译，法律出版社2008年版，第158~159页。

的成立及被告到期未偿还，毕竟原告还可以后期再补充事实来证明自己的请求具有法律依据。可如果原告、被告之间的借贷往来较为频繁，则原告须明确此笔借款发生的时间、地点等，从而与其他借贷关系相区分。其次，原告在诉状中主张的事实应符合有理性，原告主张的权利产生事实应能合理地推出其诉讼请求，即在假定原告主张的权利产生事实全部为真实时，其诉讼请求能够在法律上被认可为正当。反之，尽管原告的主张全部被假定为真实，仍不能使其诉讼请求具有法律上的理由，则说明主张欠缺有理性（也被称作主张自身失当）。① 最后，还应当明确的是，识别诉讼标的之外的更详细记载不属于起诉的条件，法律鼓励但不强制要求更详细的事实主张，即使原告没有记载，也不应面临起诉被驳回的后果，而是需要其在诉讼阶段补足。

（二）诉讼阶段的主张具体化

原告支持其胜诉的案件事实或者说满足事实主张充分性的事实，可在起诉后的诉讼程序中适时主张，并且被告也要担负抗辩事实主张具体化的责任，此为双方当事人在诉讼阶段的主张责任。针对此间当事人主张的具体化应达到何种程度，存在着广泛的探讨。比如，在德国的判例和学说上，有观点认为，当事人仅主张能涵摄法律要件的事实尚属不足，而是必须陈述使其主张具有可信凭性的事实，以此来防止滥诉和避免法院进行无益的证据调查；另一种观点也是德国联邦法院的立场，认为当事人已主张能满足法院作重要性审查的事实即可，即原告所陈述的事实与一定的法律规范相结合若能够合理地推断其所主张的权利为自身享有，进而使其所提诉讼请求有适当的根据；原告无须陈述与法律

① 参见［日］高桥宏志：《民事诉讼法：制度与理论的深层分析》，林剑锋译，法律出版社2003年版，第375页。

效果的发生无关的细节性事实，因为这些细节性事实与法院的重要性审查、限定证据调查的对象并无多大益处。① 笔者赞同后一种观点，因为如果要求主张达到可信的程度，不仅有证明预断的危险，而且在主张责任范畴内其实很难做到，毕竟主张的事实有无根据、在多大程度上为真，是要依赖证据证明过程判断的。

这里尤其要注意的是，诉讼阶段对主张具体化程度的要求不是一成不变的，要视对方当事人的防御态度而定。在对方当事人未予否认的场合，抽象化的主张即足够，仅在对方当事人予以争执时，负主张责任的当事人才有必要对其抽象的主张作具体的陈述。仍以一般侵权中的过错要件为例，原告起诉阶段可抽象地主张被告有过错，但在诉讼阶段，若被告对此有争执，则原告必须将过错这一要件事实具体化，否则既让被告无从进行实质性的反驳，也造成审理对象的不明确。作此处理的目的是迅速推进诉讼，因为一方面，在民事诉讼中，法院裁判的重要事实资料仅以当事人有争执者为限，为避免增加不必要的诉讼资料，在对方当事人无争执时，无须要求主张的具体化。② 另一方面，负主张责任的当事人主张的具体化程度越低，对方当事人争执性陈述的具体化要求亦相应降低，即可以拒绝进行具体化之争执，从而迫使负主张责任者补充其主张。如此这般的攻击防御的互动，使法院审理对象和当事人证明对象得以明确，故能促进争点整理和集中审理，这与具体的行为主张责任的回应型特点是相通的。

此外，作为应证明的对象的要件事实，其具体化程度还要受

① 参见占善刚：《主张的具体化研究》，载《法学研究》2010 年第 2 期。

② 参见占善刚：《主张的具体化研究》，载《法学研究》2010 年第 2 期。

制于摸索证明之禁止。[①] 所谓的摸索证明，是指当事人就其主张所必要的事实和证据未能充分掌握知悉时，借由证据调查之请求或声明（包括证据保全之请求或声明），企图从证据调查中获得新事实或者新证据，以便用该事实或证据支持其请求或声明。可见，在当事人申请证据调查的情境下，证据声明中主张事实的具体化是否达标，是要依靠法官在个案中综合考量的。因事实主张不够具体化而构成的摸索证明，可能包括三种样态：一是就应证事实仅进行概括性的抽象主张。例如，交通事故损害赔偿案件，原告申请以汽车上另一名乘客甲为人证，待证事实仅泛称被告司机有过失，却未陈述过失之具体事实。二是证据声明中虽表明具体事实，但属于基于一定依据的推测，当事人对该事实之存在并不确定。例如，因喝被告所制造奶粉后有腹泻状况，而认为被告公司奶粉制造程序不洁净，故请求法院就被告的制造工厂进行勘验，并命被告提出奶粉制造配方等有关文件。三是当事人主张的事实是凭空臆测，并无一定的依据。例如，原告偶然感到自己胸闷气喘，则无端怀疑是因为某玩具厂商排放有毒物质，而申请调查某玩具厂商的生产材料及生产环境。[②]

综上所述，如果说起诉阶段的主张责任旨在实现起诉要件的达成，那么，诉讼阶段的主张责任旨在使诉讼请求获得成功，这也决定了两个阶段主张具体化程度上的差异。还需要强调的是，上文探讨的主张责任的具体化要求，是从底线意义上探讨的，实

---

① 通常认为，摸索证明在传统辩论主义中是被严格禁止的，而在修正辩论主义下，其以禁止为原则还是以允许为原则，则存有争议。笔者认为，辩论主义之修正仍要坚持辩论主义的基本原理（比如责任自负），对于摸索证明原则上应采禁止的立场，而在有助于促进诉讼、促进当事人平等的场合，可酌情设定摸索证明的例外。

② 参见沈冠伶：《民事证据法与武器平等原则》，我国台湾地区元照出版有限公司 2007 年版，第 131~132 页。

际中双方当事人当然可以进一步细化要件事实、间接事实和辅助事实的陈述，而且，为促进诉讼以及使裁判资料更加接近真实，法院往往也会鼓励当事人双方细化其主张的事实。

三、对不当主张的补救

通常情况下，原告和被告最有意愿也最有能力在诉讼中主张利己事实，但事实主张中的障碍也是不难预料的。例如，原告或被告未能准确认识主张责任之内涵，而出于疏忽、懈怠或者节省资料收集成本等原因未适当主张的，属于主观上的障碍；而当事人由于物理上的和社会上的隔离，无从获得事实资料，或者无法专业地解析事实资料等，则可视为事实主张中的客观障碍。这些障碍虽可导致当事人主张不够具体，但并不必然地引发败诉的不利益。正如证明责任领域着力避免事实真伪不明的状态以阻却客观证明责任的发生，主张责任领域对结果主张责任的发生也持谨慎态度。特别是在修正的辩论主义下，制度上往往经由法官职权或者具体化的缓和，来对不当的主张进行补救，从而改变传统辩论主义下主张责任的严苛与僵化。

（一）一般化的补救方式：法官释明

辩论主义将事实搜集提供委诸当事人，但为了使当事人及时地、正确地、充分地主张事实，作为诉讼指挥权的一个方面，法院可以对当事人施加影响来予以推动，这种权能属于法官释明的内容。在主张责任领域，法官释明在主张不当的场合发挥着一般化的补救功能，即在当事人的主张遗漏了要件事实或者对要件事实的陈述不够具体之时，法官并非径行排除不适格的主张，而是通过发问、告知等方式提醒当事人完善其事实主张。法官释明之所以能够起到补救作用，是因为通常可以期待当事人对发生在自己生活领域内的事实作具体主张，故其主要弥补的是当事人认知能力的不足，比如，因为欠缺法律知识而忽略了某要件事实的主张。而法官释明作为一种一般化补救方式，有助于法官发掘当事人收集和提出事实资料的能力，这之后法官才能确定负主张责任的当事人是受制于主观的因素还是客观的因素。

实际上，法官尽到释明义务已然被学者们视为结果主张责任发生的前提，即只有在应负主张责任的当事人罔顾法院的释明，仍不补充修正其主张之时，才能课以其结果主张责任的不利益。不过需要强调的是，作为一般化的补救方法的释明不能是泛化的。释明毕竟是一种打破对法官消极角色定位的活动，其诞生是为了克服诉讼竞技主义所带来的弊端，但并不是简单地向职权主义诉讼模式回归。尤其考虑释明具有“补贴”性质，若法官过度地以法律知识等补贴“弱势”一方，反而会造成另一重意义上的不公平，损害当事人收集利己事实的积极性。因此，即便是以发现真实为出发点和归宿，也要将发现真实置于正当程序的框架之内，法官行使释明权之时，要以双方当事人的实质平等为出发点和落脚点。比如，在主张审查的第一层次，即诉的有理性审查中，对于原告主张不充分或者不恰当者，法官应当为释明，向当事人告知本案中的实体法律关系、法律行为的性质以及相应的要件事实，并提示当事人在事实主张上存在何种问题。只有当释明之后，当事人仍然未能补正时，法官才可以以诉明显无理由为由，作出从实体上驳回原告诉求的判决。①

（二）特殊化的补救方式：主张具体化的缓和

如果说法官释明的作用主要在于提醒当事人发挥其应有的主张能力，那么其前提在于当事人至少是有此能力的。对于当事人

---

① 参见袁中华：《民事诉讼中诉之正当性审查》，载《中外法学》2021年第6期。

"非不为也，实不能也"的情况，考虑"诉讼结果不应取决于何方当事人接近且可使用某诉讼资料，亦不应使他造当事人因事证资料使用上之困难，致使不必要之劳务付出，而减损系争外之财产权"，[①] 理论上设置主张具体化之例外（亦称为主张具体化的缓和）。不同于法官释明在诉讼各个阶段的一般化适用，准许当事人主张具体化的缓和则有一定限制条件，属于对特定类别的不适格主张的特殊化补救方式。

关于主张具体化缓和的条件，德国的相关做法具有一定的借鉴意义，其将主张具体化缓和的范围规定为事实隔离和行业隔离：(1) 事实隔离是指事实发生于对方当事人或第三人的支配领域，故负主张责任的当事人无法详尽知晓事实的经过，难以进行充分具体的陈述。例如，医疗损害赔偿诉讼中，患者因处于麻醉状态而不知诊疗过程，或者患者家属不知患者的诊疗过程。(2) 所谓的行业隔离，是指当事人欠缺只有专业人士才具备的知识从而不能提供具体化的事实。例如，在医疗损害诉讼中，患者即便清楚医生的诊疗，但对于治疗失败的原因也难以具体陈述。通常认为，事实隔离和行业隔离更常见于医疗损害责任、环境污染责任、产品责任和有关公害责任等现代型诉讼之中。

关于主张具体化缓和的效果，则可从两方当事人的立场上分别来看。一方面，对于应负主张责任者来说，其主张责任因为具体化的缓和而有所减轻，因为其即便作出抽象的、推测性的事实主张，也被视为履行了行为上的主张责任，对方当事人不得拒绝为具体化争执。若是该要件事实上存有争议、当事人向法院申请调查证据的，其抽象的证据声明亦不属于摸索证明禁止的范围。另一方面，对于非负主张责任的当事人来说，其责任反而有加重

---

① 沈冠伶：《民事证据法与武器平等原则》，我国台湾地区元照出版有限公司 2007 年版，第 17 页。

的可能，因为促进诉讼等原则要求的事案解明协力义务，可能需要其提供有利于对方当事人的事实。如此协助对方获得胜诉的义务，并不合于传统辩论主义自己负责的理念，而且也超越了真实义务的要求，故一般认为非负主张责任者有协力义务，仅限于其履行上述义务具有期待可能性。至于是否具有期待可能性往往要在个案中综合考量，理论上对一些因素的探讨仍是开放性的：其一，尚属明确的是负主张责任者的主张是毫无根据的或权利滥用的情形，但若要求对于应负主张责任者之主张进行盖然性及可信性审查，则在理论上存在异议。其二，对于可能造成非负主张责任的一方当事人须揭发自我犯罪，而有受追诉之可能的，是否还对其提供武器具有期待可能性，亦有疑问。其三，若涉及非负主张责任的当事人的基本人格权、隐私权、商业秘密等权利保护，则对该协力义务的要求是否应当有所退让，仍有待于评估。①

总结来说，对主张不适格的补救大致遵循了以下逻辑：负主张责任当事人的主张未达到适格标准之时，法院应先行释明，给予当事人补正的机会，若该当事人主张虽不符合通常的具体化标准但属于具体化缓和范围的，则抽象的主张亦为足够，并且，法院应视对方当事人（不负主张责任者）是否掌握特定事实资料、是否具有提出资料的期待可能性等情况，决定是否课以其事案解明的协力义务，这才是辩论主义下保障当事人地位平等、机会平等以及风险平等的应有之义。

① 参见姜世明：《举证责任与真实义务》，我国台湾地区新学林出版股份有限公司 2006 年版，第 303 页。

第四章

庭前价值论：反思庭前与庭审的二阶划分

概而言之，我国民事诉讼理论界对庭前程序的价值认识主要有三种：一是庭前程序具有隔断功能，在开庭审理之前发挥着“隔离带”的作用，目的是防止法官在庭审之前就先入为主地作出判断；二是庭前程序具有准备功能，将案件整理至适宜庭审的程度，以实现民事诉讼的集中审理主义；三是庭前程序具有解纷功能，即在庭前程序中运用替代性纠纷解决方式快速解决案件。

实践是理论之源。理论界对庭前程序价值的不同认识，其实反映了司法实践对庭前程序功能追求的多样性。这种功能追求的多样性是客观存在的，只不过因应经济社会发展不同阶段的实际需要，其追求的侧重点会有所不同。随着民事审判庭前程序运行经验的不断积淀，对功能追求与实际效果是否“合拍”进行审视和研究，成为一个既具必要性又具可行性的问题，具体而言即是：第一，“先入为主”能否通过庭前程序而得到防止？第二，集中审理能否通过加强庭前程序的准备性功能而得以实现？第三，庭前程序被赋予的解纷功能实际可发挥多大效用？

第一节 隔断功能之疑：是否可防止“先入为主”

一、防止“先入为主”的可能性

人的思考认识是弥漫性推进的，接触信息和整理信息的过程中不可避免地包含思考与认识。具体到法官办案亦是如此。法官对案件的思考认识有阶段性，有一个从局部到全面、逐步深入的过程，但是，必须要看到的是，法官具体的认识到达哪个阶段，主要取决于客观资料的充实程度和个体的主观把握程度。法官自开始接收案件信息起，就开始了思考和判断的过程。在庭前程序内，“所谓对争点和证据的整理，事实上往往很难与形成对争点和论据的判断截然区别开来”①。在庭前整理案件资料的过程中，法官不可避免地会进行思考和判断，只是暂时不得出一个最终的、论理充分的意见。将法官思维进程作庭前和开庭两个阶段的绝对划分，并不符合思维规律。

以德国为代表的大陆法系国家极为推崇形式推理思维，反对论证的跳跃。法学教育训练采用的鉴定式案例分析，亦要求分步骤设问与解答，最后才能“自然而然”地得出结论，如此使可能

① 王亚新：《民事诉讼准备程序研究》，载《中外法学》2000年第2期。

涉及的请求权基础都得到充分的分析，而不论其是否成立。本质上，这种思维训练反对的是轻率地下结论，反对的是脱离全面考察法律条文可能的涵摄范围就得出结论。但是，这种步骤意识不可在现实中被教条化理解，法官的思维亦无法像教科书论证那般直线前进。通常来说，“先入”与“先定”总是会发生的，只不过随着资料的增补，判断者或继续坚持观点，或调整观点，或干脆否定预判。换言之，“先入”恐怕不可避免，“为主”亦有可能存在，法官在庭前程序形成某种实质性判断是不可避免的，而且其并不可怕，因为法官还将结合之后庭审所掌握的信息对在前形成的判断进行修补或调整，以确保其最终的结论性意见符合正义。

在我国，防止“先入为主”的现实可能性，还受制于调解型审判模式，因为调解型审判模式要求法官从诉讼一开始就进行实质的信息收集。正如有研究指出，我国的民事审判方式相当接近于一种调解型的程序构造模式。在这种模式中，取得当事人的合意来结束案件是诉讼的主要目标，法官有责任积极主动地进行调解。由于调解的公共性质和职权色彩，法官不仅要取得当事人的合意，而且还需要保证合意建立在事实清楚、是非分明的基础上，合意的内容要符合法律。为了达到这种要求，法官有必要通过调查及证据收集来查明事实真相，确定是非，以便给当事人提供正确并且可接受的纠纷解决方案。由此可见，调解型模式的程序重点与其说是当事人提出证据展开辩论以争取法官作出有利于自己的决定，不如说是法官形成正确的解决方案并说服当事人作出接受该方案的决定。① 在此情况下，一方面要求法官尽早充分掌握信息、给出合法合理的解决方案，另一方面又认为法官不能

① 参见王亚新：《社会变革中的民事诉讼》（增订版），北京大学出版社2014年版，第10~11页。

在庭前程序中作出实质判断，这两个方面的要求明显是存在矛盾的。

二、防止“先入为主”的必要性

关于为什么需要防止审判法官在庭前程序的“先入为主”，主流观点认为，庭前程序未设置完整的对抗机制及程序保障，法官以此进行事实认定有损判决的正当性。回溯提出防止“先入为主”的背景，可发现对“先入为主”“预判”等的高度警惕，与20世纪90年代审判方式改革前的司法实践状况直接相关。彼时在超职权主义的审判方式下，法官的工作主要在法庭之外开展，通过积极的庭外调查得出结论。不过究其本质，审判方式改革的核心是从职权主义转向当事人主义。过分依赖职权来进行事实调查，或超出当事人的请求来查明是非等超职权主义审判方式，削弱了当事人的主体地位，这才是审判方式改革主要针对的问题。假如法官在庭审前能够遵守当事人主义的基本原则，其在庭前接收信息并有所预判，则不会构成对正当程序的冲击。因此，需要防止的“先入为主”，是指通过超职权主义调查的“先入为主”，而不应该被简单地概括为不经开庭就得出意见；至于对“审”的强调，则是指一种当事人主义下的听审，而不应被局限为开庭审理。因此，不加深究而单纯地抵制“预判”，其实是偏离了20世纪90年代审判方式改革的实质关切。

还应看到，防止庭审前的信息干扰庭审中的事实认定，本是英美法系的观念，也只在英美法系适用陪审团审判的制度中有结构性的必要。“由于陪审团是外行，所以人们相信，只有公开的法庭才是他们获得案件信息的正当渠道。”① 法官以庭前程序的方

① 吴泽勇：《民事诉讼审前准备程序的正当化》，载《法学》2005年第1期。

式预先对陪审团可以接触到的事实与证据进行把控，切断庭前与庭审之间无差别的信息流动，以此防止陪审团受到偏颇、有误的信息的影响。这种刚性切割，可谓是保障陪审团审判实质合理性的基石之一。此外，刚性切割在英美法系亦具有可行性，因为适用了陪审团审判，就表明庭前准备与事实判断不仅在不同阶段开展，而且也由不同的主体进行。相比之下，大陆法系国家的情况，是审前准备和开庭审理由同一法官或同一组审判人员来组织，在此情况下仍禁止法官在庭审外获得认定事实的信息，其可行性是值得怀疑的。

在我国，为了防止裁判法官的“先入为主”，司法实践曾经试图通过机构上、人员上的区分来实现庭前程序与庭审程序的隔断，主要有以下三类做法：第一种做法是由立案庭负责案件的准备活动，其依托于20世纪末及21世纪初的“大立案”模式，立案庭承担着案件受理、流程管理、审前准备和审判监督等多种职能。第二种做法是在立案庭之外设立专门的准备庭，负责准备工作。立案庭完成立案和送达后，诉讼材料被移交准备庭，由其开展程序性的送达、通知、排期以及实质性的交换证据等事项，完成此类事项后再将案卷移交审判庭。第三种做法是由审判庭内的法官助理负责审前准备，而不是由审判法官本人负责审前准备。实践中，多数准备活动依然是在法官的指导下进行的，并且准备活动结束后需向法官报告相关情况，因此，第三种做法并不能像前两种做法那样将法官完全隔绝于准备活动之外。但是，鉴于审判的整体效率以及准备活动的实际效果，前两种做法在现实中也无法得到坚持。归根结底，由于大陆法系的专业法官审判体制，控制法官将庭前程序中的信息或者心证带入庭审及判决，其作用和意义并不像在陪审团审判体制下那般必要和明显。质言之，在我国，庭前程序的隔断功能并不是陪审制下的那种结构性的刚性需要，其必要性和实际效用并不如想象中的那么强。

第二节 准备功能之惑：集中审理主义的试验

集中审理主义要求口头直接的审理应一次连续进行。有观点认为，在我国，民事诉讼完全实现集中审理的障碍，主要在于庭前程序的准备功能发挥欠佳。一般而言，庭前程序的准备功能包括整理争点和整理证据两个方面。（1）整理争点。首先，当事人双方围绕事实存在与否持有完全相左的主张，处于争执不下的状态，即会产生争点。审判意味着中立第三方对此事实作出判断，以消解争执。其次，争点还必须是对于解决案件至关重要的事实，或者说是案件真正的焦点。整理争点的目的是要区分无争议的焦点和有争议的焦点，让有争议的焦点进入开庭审理程序。（2）整理证据。涉案证据收集齐全，是正确认定事实的关键。证据齐全是适合于审理的理想状态，迟延提交证据会延滞诉讼，重复举证也会增加诉讼成本。因此在正式开庭前对证据进行整理，对促进诉讼颇为重要。通过整理证据，证据的收集围绕个案所涉的事实范围而进行，在案件审理时可避免盲目和仓促地补正。①那么，庭前程序的准备功能，在服务实现集中审理的目标方面，

① 参见齐树洁主编：《民事审前程序新论》，厦门大学出版社2011年版，第3页。

实践情况又如何呢？

一、大陆法系对集中审理的引入

集中审理主义是陪审团审判的传统。因为召集、管理十二个非职业法官极具挑战性，故集中审理就成了陪审团审判模式的刚性需要。集中审理又直接造就了完备的、准备功能导向的庭前程序。鉴于陪审员属于非职业法官，案件必须整理成适合由其审理的状态。刚开始会要求把案件整理成单一的争点，后来是进行证据的整理，将非法的、不相关的、有偏见的证据排除出去，以避免陪审员受到不恰当证据的影响。

（一）为何引入集中审理

大陆法系传统上采取分段式、渐进式的审理方式，庭审可以分成多次进行，持续时间也可以较长。陪审团传统上的绝对化集中审理模式，大陆法系国家本没有必要效仿，因为职业法官的案件审理即便不是集中连续进行的，也不会给诉讼的运行带来难以克服的障碍。再者，职业法官制度预设了事实判断者的专业训练足以使其辨别是非、去伪存真，能够在审理中自行判断和剔除非法的、不相关的、有偏见的证据，故也无须庭前程序来将可以提交到庭审的事实、证据预先固定下来。

不过，集中审理主义对大陆法系的一些国家和地区产生了吸引力，促使其从无明确阶段的、重复准备开庭的审理结构，转向分为准备程序和主期日审理的两阶段结构。例如，德国 1976 年以来“有关简化审判程序及加快审理进程的法律”的目标，是经过充分准备的程序阶段，以围绕争点进行的辩论和证据调查为内容的主期日审理原则上只举行一次。深受德国法影响的日本，于 1998 年正式施行《日本新民事诉讼法》，其中改革了在当事人毫无准备的基础上反复开庭的审判方式，力图实现以争点为中心的集中审判。该法将当事人提出攻击、防御方法的“随时提出主义”修改为“适时提出主义”，并把法庭审判分为口头辩论的准备和对争点集中进行审理两个阶段。如此一来，既有利于解决诉讼效率低下的问题，同时也将口头辩论从形式化、空洞化的“泥潭“中解放出来，恢复口头原则、对席原则、公开原则和直接原则等开庭原则应具有的实质意义。① 在我国台湾地区，主流观点认为，审理集中化具有以下优点：第一，有利于节省劳费，避免招致程序上的不利，具有促进诉讼的功能；第二，有利于提升裁判（事实认定）的正确性，促进发现真实之功能的实现；第三，有利于赋予当事人平衡追求实体利益及程序利益的机会，并提升当事人及关系人对裁判的信服度、接纳度；第四，有助于贯彻言词审理主义原则、直接审理主义原则及公开主义原则，促使这些原则发挥应有的作用；第五，有助于提升审理的计划性，促使法院及律师业务管理均更加合理化。②

（二）集中审理有何实效

在大陆法系国家和地区并没有划分庭前程序与庭审程序的刚性需要之际，将庭前程序改造成准备程序并确立集中审理主义，其直接的动因在于提升诉讼效率。以德国为例，程序加速的需要从《德国民事诉讼法》立法之初就存在，1924 年、1933 年修法的成效有限，且程序耗时，由此催生了 1976 年的《德国程序简化法》的出台。《德国程序简化法》草案认为，影响效率问题的关键是缺乏对期日的准备以及渐进式的当事人攻击或防御。当时

① 参见白绿铉编译：《日本新民事诉讼法》，中国法制出版社 2000 年版，第 9~14 页。

② 参见邱联恭：《程序制度机能论》，我国台湾地区三民书局股份有限公司 1999 年版，第 211~214 页。

在地区法院，作出判决前需要四到五次的辩论期日，州法院平均能达到七次，有9.3%的州法院程序需要超过十次的期日。这些期日很多属于流程性质的，内容是书面文件的交换或者申请的提出。针对这些问题而引入的集中原则（又称为加速原则），有两个配套要求：一是主期日前的细致准备程序；二是延迟攻击或防御的失权规则。对于德国法上的集中审理主义，需要明确的是以下三点。

第一，集中审理主义只能说是倡导性的规则，而不是强制性的规则。《德国民事诉讼法》第二百七十二条第一款规定，“诉讼通常应当在一次经过充分准备的言词辩论期日结束”。这就首先表明，集中审理主义在立法上的意思是“尽可能地集中”。此外，根据《德国民事诉讼法》第二百九十六条第二款的规定，法院如果认为允许当事人迟延攻击或防御将导致诉讼迟延，并且当事人就逾期有重大过失时，可以予以驳回。这又表明延迟攻击或防御虽然受到限制，但并非遭受严格的失权后果。所以，集中审理主义只能规定尽可能用一次主期日完结程序，而无法真正要求或落实强制性的“一次终结”。

第二，以集中主义为形态的加速原则，是否能作为民事诉讼程序或民事庭审程序的原则，在德国理论上是存疑的。① 因为违反集中原则，在民事诉讼法上不产生特定的程序后果，不会被视为法院的程序违法。另外还应看到，如果加速原则因为有显著的加速意义而被采纳，那么也会因为加速意义不再显著而动摇其地位。

第三，集中审理主义是否达到了预期的提高效率目标，德国亦不能给出一个完全肯定性的回答。综合来看，《德国程序简化

① Rauscher, Münchener Kommentar zur ZPO, 6. Auflage 2020, Einleitung Rn. 385.

法》开始施行时确实降低了法院的收案量，提高了结案量，但是从长远来说情况又有所不同。《德国程序简化法》施行约五年后，实践中的未结案件数量又恢复到1976年以前的水平。从20世纪90年代后，一审法院的平均结案时间又再度延长，效率问题可以说比《德国程序简化法》施行前更糟糕。[①] 或许不得不思考的是，单纯追求主期日的数量减少，是否能直接减少诉讼程序的整体耗时。

二、我国集中审理主义下的准备型庭前程序

（一）为集中审理而改造的庭前程序

集中审理主义在我国受到关注，也是源于20世纪90年代审判方式改革的探索。强调开庭审理的功能带来了“一步到庭”的实践，但缺乏有效的证据交换与争点整理环节，导致庭审变成了整理争点和证据的场所，从而导致开庭不得不反复进行。[②] 反复开庭带来的问题主要有以下两点：一是程序拖沓带来的诉讼效率低下感；二是纠缠于事务性工作带来的庭审空洞感。为此，理论界和实务界的共识是建立聚焦于准备功能的庭前程序。

我国民事诉讼建构准备型庭前程序的直接目的是为开庭审理作好准备。不过，在对待准备型庭前程序及集中审理目标之时，具体的出发点又与域外有差异。正如有学者指出的，我国民事诉讼似乎不是在效率的压力下才关注庭审前准备程序的，至少不完全是因为要提高效率才重视审前准备。与域外民事诉讼相比，我

---

① Prütting, Anwaltschaft, Rechtsschutz und Prozeßökonomie, in: 50 Jahre freiheilich- demokratischer Rechtsstaat. Vom Rechtsstaat zum Rechtswegstaat, Baden-Baden 1999, S. 283.

② 参见张卫平：《转换的逻辑——民事诉讼体制转型分析》（修订版），法律出版社2007年版，第252页。

国民事诉讼审限制度的存在已经在一定程度上为诉讼拖延划定了“底线”。在此背景下，我国确立集中审理虽然也以改变反复开庭带来的拖沓为目标，但改革的初心更为强调的是集中审理及准备程序所蕴含的公正价值，即通过强化庭审地位、落实庭审功能以更好实现实体公正和程序公正。

按照现行《民事诉讼法》及相关司法解释，我国庭前程序的内容包括一般程序性准备事项和庭前会议。一般程序性准备事项主要包括：在法定期间内送达诉讼文书；告知当事人权利义务和合议庭组成人员；通知第三人、必须共同诉讼的当事人参加诉讼；审查诉讼材料，初步了解原告诉求和双方争议；调查收集应当由人民法院调查收集的证据；需要由人民法院勘验或委托鉴定的，进行勘验或委托有关部门鉴定；对于案情比较复杂、证据较多的案件，可以组织当事人交换证据。庭前会议作为开庭审理前在法院主持、当事人参与下为开庭审理进行相关准备而举行的会议，其内容主要是整理诉讼请求、证据和争议焦点。

就集中审理目标而言，具有关键意义的无疑是证据交换及庭前会议的机制，不过，如果不能固化诉讼请求、证据和争议焦点，并对当事人形成约束，那么从实质上准备庭审的目标就可能落空。在充实和完善庭前程序方面，学界的建议主要以下五点：第一，完善证据交换制度，将证据交换法定化，通过证据交换促使当事人之间达成和解；第二，相应地建立举证时限制度，督促当事人双方在庭前程序中尽可能提出证据，有利于真正实现证据交换，促进和解；第三，通过证据交换实行争点整理、固化争点，以便庭审中围绕争点进行辩论；第四，对于明显不具备请求的理由，或者拒绝答辩的，可以在庭前程序中直接驳回诉讼请求或认可诉讼请求，以提高诉讼的效率；第五，借鉴美国证据开示制度中的强制开示制度，使得证据能够充分揭示。①

（二）集中审理主义的现实

建立准备型庭前程序一度是我国理论界与实务界的共识。但是随着司法实践的深入，理论界与实务界又都感受到严格的集中审理主义与现实间存在一定的矛盾。实践中，“庭前程序+开庭审理程序”的流程可能往复进行，有的案件虽然已经进入开庭审理阶段，但又突然出现应该在准备阶段解决的问题，如此又不得不返回到准备阶段。所以，在许多情况下，即使经过开庭审理、法庭辩论，但仍然无法在法庭辩论以后立即作出判决。② 不少学者认为，集中审理主义在我国民事诉讼中未能完全落实，是因为集中审理主义所需要的配套制度不到位，原因主要包括两个方面。

第一，与集中审理配套的证据失权等机制在我国民事诉讼中未得到确立。英美式集中审理主义与其传统的诉讼文化及“事实出发型”的诉讼模式休戚相关，集中审理主义及其配套机制本属于一个整体系统，有其在制度上的渊源和传统上的惯性。而目前，我国民事诉讼虽然力求法院组织当事人在开庭审理前作好充分的准备，但当事人在判决形成前的任何阶段均可以提出新的证据，而提出新证据就意味着法院需要再次开展证据调查及组织质证辩论。放任当事人多次提出新的证据，程序就一定会反复进行，无法在时间上和空间上满足程序的次序性要求。③ 与之类似，我国民事诉讼法上对诉讼请求变更的宽松立场，同样使得当事人

① 参见张卫平：《民事诉讼法》，法律出版社2019年版，第311页。

② 参见张卫平主编：《民事诉讼法教程》，法律出版社1997年版，第278~288页。

③ 参见李喜莲：《口头辩论审理样式分析：以程序效率为视角》，载《法律科学》2009年第3期。

主张的事实可以不断变换方向，证据可以不断推陈出新，最终亦导致集中审理主义在我国民事诉讼中难以完全落实。

第二，准备程序在我国的功能受限，还与我国民事诉讼落实主张责任的状况有较大关系。通常认为，由于不知道、不理解法律的规定或者其他原因，当事人所提出的事实和理由常常内容杂叠、叙述混淆，增加了法院言词审理及裁判的困扰，整理并协助当事人简化争点，剔除不相关、无意义的资料，则有助于法院审判对象的聚焦。① 然而，我国民事诉讼在重视举证责任以及质证辩论的同时，在一定程度上忽视了主张责任的前提性作用，对当事人主张的随意化、随时性的制约就显得不足。与此相关，有学者认为，我国民事诉讼制度体系中还不能说已经形成了争点这一概念。我国有关争点整理的规定（《民事证据规定》第五十七条第二款②）仅仅倡导审判人员于证据交换过程中整理争点，将整理争点作为证据交换的派生效果，并未要求在程序中必须对争点加以明确。因为并没有独立的整理争点的程序机制，而只要进行证据交换，即便争点不甚明了，案件依然可以进入庭审程序。而且在庭审程序中，争点对审判依然是缺乏约束力的。③ 由此导致

---

① 所谓的争点，包括事实上之争点、法律上之争点、与诉讼有关之各种证据上争点，以及其他攻击或防御方法之争点。至于诉讼程序上之争点，仅以法律上允许当事人处分之争点为限，其他不属当事人得处分范围之程序争点，即非此处所论之争点。参见张特生：《预审制度与准备程序之再检讨》，载《民事诉讼法之研讨（四）》，我国台湾地区元照出版有限公司2021年版，第667~668页。

② 该款规定："在证据交换的过程中，审判人员对当事人无异议的事实、证据应当记录在卷；对有异议的证据，按照需要证明的事实分类记录在卷，并记载异议的理由。通过证据交换，确定双方当事人争议的主要问题。"

③ 参见汤维建：《论民事诉讼审前程序的模式转变》，载《河南省政法管理干部学院学报》2005年第4期。

的结果就是，庭前程序的准备功能本来应当包含争点整理的工作，但因诉讼程序中落实主张责任的力度不够，也因尚未完全建立请求权基础框架下的对当事人主张的审查机制，故而出现了争点整理的目标模糊、效果不佳等不尽如人意的情况。

（三）准备型庭前程序的评估

我国民事诉讼的集中审理模式尚未真正形成，但结合前述分析，需要明晰的是，现阶段，彻底的集中审理模式是不是具有充分的必要性与合理性。学术界就有观点认为，“非集中”也有其现实性的考虑。虽然当下第一审普通程序以“庭前准备+一次开庭=结案”为比较理想的程序进路，但由于案件具体情形和程序进行的实际情况不同，“数次准备+数次开庭”才告结案的程序路径，在有些场合亦有存在的合理性乃至必要性。①

按前文所述，集中审理主义有其设置的目的和扎根的土壤，所谓的配套制度既是实现审理集中化的保证，也是审理集中化的内在要求。时至今日，集中审理主义这一目标是不是具有普适性，以及该目标与准备型庭前程序这一手段之间的关系，值得反思。

第一，作为法院就争点对案件进行审理的一种方式，审理集中化本身内含了一些相关的制度要求，特别是对争点整理的要求。可以说，争点整理是实现审理集中化最为关键的一环，但争点的整理受制于取证手段、案件事实等因素。因此，具体采用何种程度的集中审理并不是固定不变的，而是根据不同案件的类型、证据数量和争点清晰度等情况采用不同的做法，更为切合实际。即便是作为集中审理主义代表的美国，其在民事司法实践中

① 参见王亚新、陈抗平、刘君博：《中国民事诉讼法重点讲义》，高等教育出版社2017年版，第217页。

也并非要求全部案件毫无例外的集中审理。因此，通过较少次数的庭审来解决案件争议、提高效率，固然有其价值，但现实中也应根据案件情况来具体研判和确定集中审理的程度，为案件的处理提供多元化的选择，避免“一刀切”。

第二，部分案件可能并无适用准备型庭前程序的必要，直接开庭亦无不可。曾有观点指出，对于做好充分准备再开庭与采取“一步到庭”式的早期指定开庭日期这两种做法，一般认识会将前者视为“正确”，将后者视为“误区”。但是，这种认识是以一旦正式开庭就应一次性审结案件的英美法系诉讼结构作为前提的，而我国的民事诉讼实践常常是一次正式开庭前后有若干次的“非正式开庭”。反观德国和日本等国的民事诉讼，长期以来采取早期首次期日“一步到庭”，再通过后续的开庭逐渐把握案情的做法，如此，许多案情简单或者争议较小的案件，采用早期首次期日直接一次开庭即可终结。调研表明，至少有三分之一的案件都可以适用这种早期开庭、早期结案的模式。所以“一步到庭”和“准备型庭前程序+开庭审理”两种结构，其背后的原理是共同的，其差别只是在技术性层面，故无须将前者一概地作为“误区”而加以否定。从程序保障最低限度要求的观点来看，两者都以公开的开庭审理为中心，并不一定与既有的程序原则要求相悖。①

第三，局部效率的提高，并不代表整体效率一定提高，单单关注开庭的效率，于整个诉讼效率的提高可能并无助益。因为开庭效率不等于诉讼的效率，更不等于纠纷解决的效率。如果认为特定案件中事实查明的工作总量是确定的，那么有待讨论的是如何将工作量分配到各个环节中去。有些工作从庭审中移出，就需

---

① 参见王亚新：《实践中的民事审判——四个中级法院民事一审程序的运作》，载《现代法学》2003年第5期。

要庭前程序等其他环节来承接。因此，不能简单地认为庭审因无须进行事实查明而提高了效率，整个诉讼效率就得到了提高。另外，还需要看到的是，通过庭前程序做准备工作来提高庭审效率，在特定时代背景下、在一些案件中是可以达到预设的效率目标的。然而随着时代变化，开庭审理的方式亦可借助于科技的发展而减少诉讼参与者的耗费，庭审未必是最耗时耗力的程序环节，而是可以以非常简便的方式进行的。

第四，从强化庭审即有助于审判公正的角度来看，以往提倡“准备型庭前程序+开庭审理”的结构，是基于开庭审理的公正性象征。也就是说，“将法官获得案件信息的主要场所放在法庭上，这是现代民事诉讼一般原理的要求。因为人们相信，只有通过公开、对席、口头、直接的开庭审理，当事人之间的平等对抗才能成为决定诉讼结果的实质性因素，裁判者的恣意则可以被限制到最低范围。”① 不过在纷繁的民事纠纷中，并非所有的案件都有必要进行开庭审理，庭前程序也未必不能借助科技新形式来加以改造，将实质判断的部分同样置于正当程序之中。

① 吴泽勇：《民事诉讼审前准备程序的正当化》，载《法学》2005 年第 1 期。

第三节 解纷功能之困：替代性机制的“天花板”

在很多人看来，我国民事诉讼关于庭前程序的定位，最早是为了解决“先入为主”，起到与庭审之间的隔断作用，之后即便增加了庭前工作的准备功能，其隔断功能之意旨并未消减，要求庭前程序恪守边界，法官的工作也似乎仅应限于“准备”。应当说，庭前程序改革前期看重的是当事人主义下的程序正当，不过随着“案多人少”矛盾日益突出，对诉讼效率的关切被提到更重要的位置。一般认为，庭前程序发挥好准备功能，就有利于庭审效率的提高，但在初期，庭前程序依然是附属并服务于庭审程序的。为了更好解决“案多人少”矛盾，努力给当事人以更多的司法获得感，现阶段，庭前程序的独立解纷功能又成为理论和实务关注的重点。对庭前程序该功能的重视，一方面，是受到域外有益司法经验的启发，另一方面，更为重要的是受到我国司法重视调解等替代性纠纷解决方式的影响。

一、美式庭前程序的独立解纷功能

在英语中，“庭前”（pretrial）这个词最初是有连字符的（即pre-trial），但随着庭前程序内涵和功能的变化，单词中的连字符也随之消失，庭前程序从附属于庭审的一个审理阶段，成了独立的、与庭审并立的程序。美式庭前程序的独立解纷功能一方面是指法院在庭前作出裁判，另一方面是指在庭前运用替代性纠纷解决方式终结案件。独立的庭前程序的出现和发展，既有司法理念调整的原因，也有社会现实变化的原因。

英美法系传统下的集中审理就是指一次庭审，其源自陪审团体制下的结构性需要，于是庭前程序之存在始终有坚实的合理性、必要性。在信息量偏少的简单案件中，案件经过层层铺垫的庭前准备就已经显露真容，庭审可能要面对审无可审的尴尬，这样的现实催生了“无庭审的裁判”（Nontrial Adjudication）方案。许可法院在实体上适于判决时作出判决，导致相当数量的案件未经开庭或未经充分开庭而获得判决。现今美国的庭审——无论是陪审团庭审还是法官庭审——不仅仅在数量上属于绝对少数，并且其地位、功能都已经趋于边缘化。这其中固然有庭前运用和解、调解的原因，但仅仅就判决程序而论，庭审同样不是必需的或最关键的环节。事实上，只在法官不能作出无庭审的裁判时，才会进一步组织开庭审理，法院运用即决判决等无庭审的裁判机制，大约占到全部案件的三分之一。①

庭前程序的独立化，最重要的支撑在于庭前程序事实发现功能的扩张。最初，美国民事审判将事实发现场所限于庭审，这与早期“自带情报”（self-informed）的陪审员要在庭审中提供自己对于纠纷的了解认知有关。后来陪审员不再是纠纷的知情者，法官若是在庭前程序中依然不考虑事实调查，会显著阻碍审判的有效运行。所以，允许庭前程序中进行事实发现，是为适应社会和司法变化需要的大趋势，庭前发现程序的优点被认为包括促使双方庭前沟通证据、从证人处获得信息、免遭诉讼突袭等。与此同

① 参见严仁群：《“消失中的审判”——重新认识美国的诉讼和解与诉讼调解》，载《现代法学》2016 年第 5 期。

时，美国法官的角色也发生转变，“管理型法官”的出现，使得法官在庭前程序中对事实发现掌握主导权，于是也就具备了其在庭前作出实体判断的条件。① 总之，在整个 20 世纪，庭前程序的事实发现功能得到很大扩张，法官在庭前程序内的职权也得到较大强化，民事诉讼的重心已经转向庭前程序。

二、我国庭前程序之“独立”

在我国，“案多人少”的现实使“准备型庭前程序+开庭审理”的单一审判路径面临很大考验，《人民法院第二个五年改革纲要（2004—2008）》就已指出，“相对滞后的司法体制和工作机制已经不能适应人民群众对司法公平正义日益增长的需求”。出于提升法院解决纠纷、化解矛盾的能力之考虑，民事审判更加重视灵活、简便的替代性纠纷解决程序，将“矛盾纠纷化解在庭前”成为新一轮庭前程序改革的目标。为此，庭前程序被赋予了独立解决纠纷的功能，即在庭前程序中适用调解等替代性纠纷解决方式来实现案件终结。我国所构建的解纷型庭前程序，其解纷功能主要包括三个方面：一是法院在庭前程序中主持调解；二是在庭前程序中引导当事人和解；三是在庭前程序中委托社会调解组织或者诉调对接中心进行调解。②

（一）对准备功能的影响

确立庭前程序的解纷功能，是为了解决准备型庭前程序解纷效能不足的问题。在确立了解纷功能之后，庭前程序之为庭审作

① See John H. Langbein, The Disappearance of Civil Trial in the United States, 122 Yale Law Journal(2012).

② 参见陈雅凌、孙普：《充分发挥民事审前程序的作用》，载《人民法院报》2016 年 11 月 27 日。

准备和解纷功能呈并行状态——“庭前程序有两个目标：一是使案件达到合适审理状态以促进诉讼，二是寻求替代性纠纷解决的可能。前者要求庭前程序具有整理争点和证据的功能（即促进审理集中化），后者则以促进和解的功能为典型。”① 关于这两个功能的关系，在很多学者看来，庭前程序的基本定位仍应在于准备功能，因为其毕竟是为服务庭审而设立的，但是现实中，司法实践越来越多地偏向其解纷的功能。

首先，国外替代性纠纷解决机制之设立初衷，更多看重其分流案件的作用，而在我国，对替代性纠纷解决方式的重视，是对矛盾化解、社会治理的规律性认识进一步深化的结果，因而更加注重其对源头化解矛盾和促进社会治理的作用。② 所谓的社会治理，本意是在国家权力之外诉诸其他纠纷解决主体，但在现阶段，毋庸讳言的是，社会力量在纠纷解决方面的经验和权威性均还有所不足，受信任程度也还需进一步提高，故纠纷由社会力量化解的比例仍然不高，仍有大量纠纷继续涌向法院。因此，就发展替代性纠纷解决方式而言，法院其实承担了本来应由社会力量承担的部分职责，其表现就是法院在庭前程序中要开展大量的调解等替代性纠纷解决工作，努力实现将“矛盾纠纷化解在庭前”。

其次，庭前程序的争点整理和证据整理工作，需要举证时限、证据交换等具体制度的配合，可前一轮司法改革中的相关设想尚未完全付诸实施，尤其是强制答辩制度的缺位、举证时限制度的不完善，都对庭前程序准备功能的发挥形成掣肘。③ 现阶段，

① 齐树洁主编：《民事审前程序新论》，厦门大学出版社2011年版，第2页。

② 参见胡仕浩：《多元化纠纷解决机制的“中国方案”》，载《中国应用法学》2017年第3期。

③ 参见胡晓霞：《阶段细分视角下的民事庭审前程序之重构》，载《政治与法律》2012年第5期。

对庭前程序的关注重点转移至替代性解纷机制，而对建立、完善前述所缺配套制度则存在相对重视不足的问题，由此将导致庭前程序的准备功能继续处于发挥不充分状态，进而制约开庭审判乃至整个判决程序功能的充分发挥，判决程序在定分止争、实质化解矛盾方面的表现亦必然受到影响。出于对判决程序解纷效果的担心，结果可能是将本应依法进入判决程序的矛盾纠纷继续滞留在庭前程序，并以替代性解纷方式反复尝试解决，如此，庭前程序的解纷功能将会更为凸显。

（二）对解纷功能的评估

调解是具有中国特色的化解矛盾、消除纷争、促进和谐的非诉讼纠纷解决方式，是替代性解纷机制最为重要的组成部分之一，以至于实践中对替代性解纷机制的另一表达“多元解纷机制”中的“多元”，直接被定义为调解的主体多元、调解的渠道多元、调解的时机多元等方面。① 在种种尝试中，独立的庭前程序也将解纷功能集中于调解，调解在矛盾纠纷预防化解中的基础性作用得以充分发挥。

实践证明，诉前程序中的调解已经成为当事人解决纠纷的重要方式，不仅大大减轻了当事人的解纷成本，也有利于从源头上防止矛盾激化。但是，应予强调的是，既然是调解，那就必须贯彻自愿原则，并非所有的当事人经过引导都能自愿接受调解，这也就意味着并非所有的矛盾纠纷都能以调解的方式来终结，应调当然要尽调，但当判也必须要作判，不能久调不决。因此，诉前程序对调解等替代性解纷机制的重视，对解纷功能的强化，绝不

---

① 参见王俏：《诉调对接，方便快捷——人民法院推进矛盾纠纷多元化解机制改革综述》，载《人民法院报》2018 年 3 月 14 日；胡仕浩：《多元化纠纷解决机制的“中国方案”》，载《中国应用法学》2017 年第 3 期。

意味着可以忽视诉前程序服务开庭的准备功能，庭前程序的解纷功能与准备功能其实无法割裂。往更深层次说，判决程序与调解程序之间不是竞争关系，而是协作关系，共同服务于矛盾纠纷预防化解法治化水平的提升，在坚持调解优先的同时，也应注重判决程序的优化与完善，而强化庭前程序的准备功能，无疑是推进判决程序优化与完善的重要环节。

第五章

适时判决论：审理程序的去中心化

前文已经表明，根据判决的不同时机，审判流程可以分为串联型模式和并联型模式：前者要求进入法院的诉讼案件必须走完民事诉讼法规定的程序环节，才能到达以判决结案的终点；后者则将各个流程模块看作相对独立的存在，若在某个环节上判决的时机成熟，那么后续的流程环节则不必进行，法官可直接作出判决以终结程序。从实际情况看，在多种因素的影响下，我国目前采纳的应为串联型审判模式。在这种模式下，适时判决理念的提出和确立，都容易遇到困难，因为适时判决要求判决在“适于判决时”或者“判决时机成熟时”作出，而不拘泥于走完民事诉讼法所规定的完整审理程序。换言之，适时判决是从实质、动态的角度，要求程序随案件审理状况而调整变动，而不是要求案件的审理按照静态的程序分工来调整变动。无论是从正当程序的维度，还是从裁判逻辑的维度，适时判决的理念和制度都更具备合理性，并且基于正当程序和裁判逻辑的视角，也能够再度审思我国民事诉讼串联型审判模式的成因。此外，与适时判决理念相配套的诉答机制、举证时限机制、争点整理和证据交换机制等均应随之建立与完善，因而适时判决所带动和引领的是一整套符合现代正当程序法理的制度集合，在此套诉讼机制的综合作用下，诉讼公正与诉讼效率的价值将获得同步提升。

第一节　串联型审判模式之成因

审理是一个连续进行、逐步铺开的过程，不能一概地预知法官在哪一阶段能获得足够的信息，足以使判决的作出具备正当性基础。在串联型审判模式下，在法官获得足够信息以至于可以作出判决的阶段，预设在审理环节的最末端（也就是庭审辩论终结后），故所有案件原则上均要遵循同一套从庭前到庭审的审理流程并在最后作出判决。串联型审判模式的成因主要有三个方面：一是受科层式的组织风格的影响；二是缺乏“适于判决时”的概念，对判决时机问题在理论上研究不足，在制度上也较少注意；三是开庭审理被作为正当程序的象征，对串联型审判模式必要性缺乏具体的理解和把握。

一、科层式组织对渐进式审理的青睐

科层式组织对法律程序设计最明显的影响，是法律程序必须分步骤进行。相比于通盘考虑全局，科层式组织的人员更喜欢将材料的搜集和审查分段、分步进行，这种环环相扣、按部就班的行为方式，显得更为理性和冷静。在科层式的司法组织中，司法程序结构被设计为一系列前后相继的步骤，而案件的卷宗是整个程序的神经中枢，传递、整合着各个层次的决策，使得最终的决

定者不至于迷失方向。[①] 在这里，分段、分步的渐进式审理程序将权职划分明确、责任一目了然，使事务的处置可追溯、可监管。

当然，渐进式审理本身并不等于串联型的审判流程，实际上，串联型审判模式可以算作渐进式审理的一种极端严格的情形。渐进式审判虽然原则上要求分步骤的程序，但是综合理论和现实因素考量，均会为“例外”打开一定的缺口，有时也以立法的形式将某些例外情况固定下来。但按照串联型审判模式流程的精神，未遵循渐进式步骤的审判都属于程序违法，这便从制度上否定了渐进式审理的例外。

二、适于判决时的概念缺失

大陆法系的审判样式一般采用渐进式的构造，我国民事诉讼框架虽然与大陆法系具有相近性，但实际采纳的是更为严格的串联型审判流程。这首先与我们对审理的定义有关。由于我国民事诉讼理念与实践倾向于限缩审理含义中的时空范围，将审理等同于开庭审理，于是庭前程序似乎就不应具备也不能开展审理的工作，只可作为所谓的“审理前准备程序”。如此一来，若要讨论在“审理前准备程序”中有无作出判决的时机，答案似乎总是否定的，因为案件尚未开始审理，相关的事实自然未能得到澄清，也就不可能在查明事实的基础上正确适用法律。由此可见，“庭审必要主义”实际指代的是“审理必要主义”，“庭审必要主义”也就借由“审理必要主义”获得了广泛的认可。

至于诉讼进行到何种阶段、何种地步便可以作出判决，在我

① 参见［美］米尔伊安·R. 达玛什卡：《司法和国家权力的多种面孔——比较视野中的法律程序》，郑戈译，中国政法大学出版社 2015 年版，第 62~63、74 页。

国的规范和理论上尚比较模糊。我国民事诉讼法上没有明确的条文规定何时可以作出终局判决，从《民事诉讼法》第一百五十六条①的规定似乎可以推断，法院作出终局判决的基准是事实清楚。不过有学者指出，事实清楚在我国民事诉讼法中并非一个含义固定的术语，其同样构成普通程序适用独任审理的前提（《民事诉讼法》第四十条、第四十一条）、简单民事案件的识别标准（《民事诉讼法》第一百六十条、第一百六十五条）等。此外，民事诉讼中的裁判时机成熟不仅仅意味着事实清楚，同时还应要求当事人基于法院释明权的行使已经穷尽主张和举证，其提出的攻击或防御方法已经得到充分的保障。② 总体而言，在审限制度的约束下，我国民事诉讼对于作出判决的时间只有粗略的形式标准，而欠缺实质标准。理论上虽然提出了尽早解决纠纷、快速判决机制等，但也缺乏基于适于判决时这一概念的体系化阐述。

三、开庭审理的象征意义

在我国民事诉讼中，开庭被当然地作为程序正义的体现，有其历史原因。20 世纪 90 年代进行的审判方式改革，着力扭转的是一种将实质审理放在法庭之外、由法官自主开展调查的审理方式。伴随着程序正义观念的兴起，当时的学者强调，是程序决定了法治与恣意人治之间的区别，程序问题是法治问题的核心。③在对程序的关切中，开庭被认为是诉讼程序的主体部分，无论是强化当事人的举证责任，或是强化实质庭审，还是强化公开审

① 《民事诉讼法》第一百五十六条规定："人民法院审理案件，其中一部分事实已经清楚，可以就该部分先行判决。"

② 参见占善刚：《论民事诉讼裁判的时机》，载《现代法学》2023 年第 6 期。

③ 参见江伟主编：《民事诉讼法学原理》，中国人民大学出版社 1999 年版，第 156 页。

判，均以开庭审理程序为依托。程序正义这一抽象理念，在“走向法庭”的过程中找到了“开庭审判”这一实实在在的象征与寄托。

“开庭审理的重大意义首先体现在这种程序样式与公开审判原则的内在关联。而公开审判不仅是诉讼法上的重要原则，也是宪法原则和牵涉基本人权的国际法准则……公开审判原则集中体现在一种包含了公开、对席、直接和言词辩论等内容或具体原则的程序场景之中。如果说审判向一般人公开的原则相对于秘密，对立的当事人双方出席相对于一方缺席或不在场，由作出裁判的法官直接听取当事人双方的言词或口头辩论，其对立面则是裁判者间接了解案件信息或通过书面方式进行审理。能够把公开原则、对席原则、直接原则、言词辩论原则等内容融会于一堂的程序场景，就是开庭审理。公权力作出的任何判断或决定，只要针对公民个人权利义务及有罪、无罪等事项，都必须以具有上述各项内容的开庭审理作为不可或缺的前提。因此，开庭审理意味着为诉讼当事人提供的一项基本程序保障，连同把经过这项程序作为前提及基础的判决一起，构成了审判或诉讼程序区别于调解或非讼程序最主要的标志……由于具有上述内容或体现这些重要的原理原则，开庭审理虽然在外观上只是一种程序的样式或形式，但其反映的却是‘兼听则明、偏听则暗’的认识论和审判者中立公正的程序价值。对于整个诉讼程序来说，开庭审理只是其中的一个阶段或环节之一，但这个程序场景应当构成纠纷处理或者程序进行的主体部分。所谓‘当庭陈述、当庭质证、当庭辩论’，指的就是有关案情的信息主要都应通过庭审来获得并在原被告及法官之间共享，事实认定和法律适用只能以公开的法庭呈现出来的诉讼资料作为基础。基于这样的原理，开庭本身能够导致一系列程序性法律效果的产生。首先，通过诉讼程序进行的纠纷处理，如果没有以调解等其他方式结案而必须作出判决的话，开庭审理是判决作出的必要前提。只要未经开庭就不可下判决，或者说未经开庭审理而作出的判决即属违法。”①

在20世纪90年代乃至21世纪初，普遍强调开庭审理的意义和优势，当然有助于纠正前一阶段实践中存在的忽视开庭的倾向。不过有些观点不无疑问，尤其是将其放在当下的社会发展形势下进行评价。比如，有观点主张，开庭审理的仪式感，法庭的庄重和神圣感，能够增强判决的权威性，促使当事人服判息讼。再如，还有观点认为，按部就班地进行开庭审理的一连串步骤所带来的“慢”，也有其好处，因为时间的拉长使当事人之间的矛盾得以沉淀，有利于当事人搁置尖锐对立，回归到理性思考。总而言之，开庭审理最核心的象征意义，仍是在于其系承载争讼程序原则精神（公开原则、直接原则和言词原则）的唯一环节，相比之下，庭前程序在名义上就不具备审理的功能，因此也就不具备审理的形式正当性。

① 王亚新、陈杭平、刘君博：《中国民事诉讼法重点讲义》，高等教育出版社2017年版，第214页。

第二节 正当程序视角下的适时判决

程序正义的最初含义，是一种最低程度的程序保障："正当程序概念本身据说最早出现于1354年爱德华三世的时代。原来这词语只是指刑事诉讼必须采取正式的起诉方式并保障被告接受陪审裁判的权利，后来扩大了其适用范围，意味着广义上剥夺某种个人利益时必须保障其享有被告知和陈述自己意见并得到倾听的权利，从而成为英美法中人权保障的根本原则。"① 谷口安平认为："通过一定过程实现了什么样的结果才合乎正义，一直是正义理论的中心问题。学者们往往对通过什么样的方式、程序来给人们属于他的或同等的东西不感兴趣。只要结果是每个人得到了他应当得到的或同等情况下的人们都得到了同等对待，也就实现了正义。对正义的理解可称为'实体的正义'或'实质的正义'。简而言之，这样的观点意味着只要结果正确，无论过程、方法或程序怎么样都无所谓。然而，我们总是很容易无意识地接受这种观点影响。"② 但是，这种程序正义的观点有可能与当事人的结果

---

① ［日］谷口安平：《程序的正义与诉讼》，王亚新、刘荣军译，中国政法大学出版社2002年版，第4页。

② ［日］谷口安平：《程序的正义与诉讼》，王亚新、刘荣军译，中国政法大学出版社2002年版，第1页。

正确观相冲突。

在我国，随着社会主义法治建设的不断深化，程序虚无主义和“重实体、轻程序”的观念早已被明确摒弃，程序正当的观念已经确立，并日益深入人心。民事诉讼领域对于正当程序的坚持体现在诉讼目的论、价值论、程序论等多种方面，也影响对开庭审理程序的地位、价值的评价。具体到适时判决的问题上，理论上之所以认为无法绕开庭审进行判决，很重要的一个原因是民事诉讼中的公开原则、直接原则、言词原则需要以开庭审理为载体，而一旦省略了开庭审理，三大程序原则似乎就无所归依。换言之，开庭审理之所以成为正当程序必不可少的一部分，是因其彰显了公开原则、直接原则、言词原则。不过，三大程序原则是不是果真与庭审相绑定呢？或者说，三大程序原则本身到底在评价程序是否正当中占据多大的分量呢？就此问题，还应当从公开原则、直接原则、言词原则的缘起入手，并结合当下的时代背景与司法环境，以发展的眼光解读。

一、适时判决与公开原则、直接原则、言词原则

为了考察适时判决是否不能容于争讼程序的公开原则、直接原则、言词原则，需要从三大原则的本源含义与当下意义进行分析。从中我们可以发现，如今适用三大原则的社会需要与司法环境，与确立三大原则之时相比，已经发生了巨大的变化，现今域内外的司法实践并非对其采取绝对的、无边界的适用态度，而是逐渐放松要求或增加例外，以适应民事诉讼多元化的价值需求。

（一）公开原则、直接原则、言词原则的域外考辨

有不少研究者主张，直接言词原则确立于大陆法系，英美法系则没有确立直接言词原则，只存在与之相关的制度，如传闻证

据规则。[1] 但是实际上，英美法系虽然没有像大陆法系那样把直接言词原则写入法典，却不能说其诉讼中不存在直接言词原则。直接言词原则体现于英美法诉讼实践，在对抗式的陪审团审判中，直接言词的形式是不言自明、无须强调的。直接言词原则可以说是英美法诉讼的固有传统，与其诉讼结构紧密相关。相比之下，大陆法系的传统是书面、间接审理主义，其确立直接言词原则是在特定时代背景下的功能考量。

1. 陪审团审判下的公开直接言词主义传统及其限缩

英国陪审团审判，传统上以公开、口头和直接为特征。直到1854年，陪审团审判仍然是普通法庭庭审的唯一形式，而陪审团审判始终没有建立开庭之前的事实发现、事实调查机制。

英国法采用口头审理，是因为漫长的时间里，社会文化水平不高，并不是所有的陪审团成员都能阅读书面材料，故只能进行口头的听审。此外，早先陪审团成员不是像如今这般随机抽取，以保证中立性。在12世纪、13世纪之时，陪审团成员是对纠纷有所了解的人（self-informed jury），被期待在审理中贡献自己对于纠纷的认知，以帮助审判者进行事实发现。故陪审团成员的任务主要不是听而是说。考虑到陪审团成员读写能力的问题，也只适合采取口头形式进行案件审理。相比之下，没有陪审团的衡平法诉讼，就不以口头审理为原则。

如果说口头审理是为了适应当时的陪审团成员自身的素质情况，让程序得以进行下去，那么直接原则和公开原则，则是为了更好地查明事实。当时的民事审判，事实查明的显著特征是极端地依赖人证。发生在熟人社会的民事纠纷，对其过程的还原基本依靠当事人自己以及证人的叙述。遏制虚假陈述和作伪证成为重

---

① 参见包献荣：《以审判为中心与直接言词原则》，中国政法大学出版社2018年版，第27页。

点考虑的问题。在社区内公开审理，虚假陈述将受到公开的审视，被广为“注视”所产生的压力，对参与人的如实陈述具有较强的督促意义。此外，在事实认定强烈依赖人证时，为了更好地判断当事人和证人的可信程度，则适宜采用直接原则。审判者当面观察其言行，观察其口头表述是否含混，能否对提问和反问作出即刻的回答，前后表述有无矛盾漏洞，肢体语言有无闪躲，从而对证据形成内心的判断。换言之，直接原则此时是为了更好地对人进行辨别，以判断人的可信度。①

不过，在英美法民事诉讼的持续改革中，一体相连的三大原则都受到不同程度的冲击，其中以言词原则最为显著，体现在庭审程序、庭前程序、上诉程序、案件分流机制及证据制度等多个方面。例如，庭前程序的书面性逐渐得以强化，而庭审中的广泛口头作证被认为是不必要的和高成本的。根据修改后的《英国民事诉讼规则》的规定，证人证言只要符合法律规定，就应该属于直接证据，应当由双方当事人在开庭审理或者听审前进行交换。又如，对于小额诉讼案件，《英国民事诉讼规则》规定不适用严格的证据规则，法院有权限制交叉询问的时间和主题，还可以在所有当事人都同意时不经听审而径行裁决。再如，在英美法的上诉审中，书面原则占据了主导地位。美国从 1954 年开始，赋予法官决定案件是否开庭审理的自由裁量权，在上诉请求没有价值、案件的决定性问题已经在前期得到权威裁决、口头辩论对于解决事实或法律问题没有重要帮助的情况下，法官可以决定不经开庭径行裁判。②

---

① See John H. Langbein, The Disappearance of Civil Trial in the United States, 122 Yale Law Journal(2012).

② 参见杨子强：《看得见的正义——民事诉讼中的言词原则研究》，中国人民大学出版社 2020 年版，第 47～53 页；纪格非：《消亡抑或重生：言词原则在民事二审中的发展趋势及其启示》，载《法学评论》2012 年第 4 期。

2. 德国诉讼法内的确立与修正

（1）19 世纪后期民事诉讼立法时期

大陆法系国家的民事审判制度曾在很大程度上依赖书面审理方式。罗马教会法时期的诉讼程序就是以书面审理为特征的，要求诉讼建立在书面记录的基础之上，法官裁判也以书面的事实主张为根据，所有证人的证言只有转化为书面形式才是有效的。常规情况下，法官本人并不亲自听取证人的证言，他只需研究法院内下级官吏对证人进行审讯的书面记录。法国大革命给社会制度与观念带来了根本性的冲击，公众对司法腐败的攻击，对秘密审判的恐惧，都促使书面审理向口头主义转变。而德国在 19 世纪后半叶制定民事诉讼法典之时，也面临着选择口头主义还是书面主义的问题。

《德国民事诉讼法》最终采纳公开原则、直接原则、言词原则，首要的切入点是公开，目的是要彻底扫除人们对于中世纪的秘密审判的恐惧。这一时期强调公开性是具有革命性意义的，同时也契合彼时的个人主义思想，即把个人从被国家、宗教的压迫中解放出来，异议者不受恣意的处置。就民事司法而言，确立公开原则凸显了对公权力的监督和约束，这和英国制度中首要考虑的是增强证人可信度，在出发点上存在差异。

其次，确立言词原则是与确立公开原则具有一体性的，因为二者在当时的条件下呈现出互相绑定的关系。在没有网络等便利公开的条件时，书面的内容很难实现公开，书面审理基本等同于秘密审理。所以贯彻公开原则的方式，就是将审理放到法庭的环境之中，再将法庭环境对外公开。这一路径要求法庭采用口头的方式进行审理。于是，普鲁士法律中一般性的书面诉讼就被抛弃了。

最后，言词原则与直接原则也存在绑定的关系。口头辩论使得直接地、面对面地接触当事人和证人成为可能，口头辩论原则上在裁判者面前进行。①直接原则受到强调的最主要原因，是改变原先间接审判下询问者和裁判者不是同一主体的历史。直接原则所要求的在场包含两个方面：一是对法院方面的要求，要求裁判法官在场；二是对当事人以及证人等程序参加人的要求，强调其在场直接面向法官陈述。在这两个维度上，由于前述的间接审理的历史，德国采纳直接原则明显强调的是对法院方面的要求。因此我们看到，直接原则规定在《德国民事诉讼法》中的体现在于第三百零九条，该条要求了判决只由参与言词辩论的法官作出。当然，直接言词原则更有利于法官判断当事人及证人的可信度，从而更有利于事实查明，在此方面德国法与英国法的考虑存在一定的重合。

（2）公开原则、直接原则、言词原则的地位

公开主义在德国被列入法治国的原则，它关系对公权力进行监督的维度。违反公开原则被作为一种不可反驳的推定，即推定判决存在错误。相比之下，直接言词原则则不具有如此之高的位阶。

第一，判决原则上不能不经言词辩论而作出，判决的基础只能是言词辩论中提出的资料，相应地，所有口头提出的资料均需要纳入法官的判断。民事诉讼的事实查明结构，决定了其中的一些要求是书面程序难以做到的，如询问鉴定人。但是，《德国基本法》第一百零三条第一款本身不要求言词原则，言词原则是否直接成为法治国原则或者正当程序原则的一部分，在民事诉讼中是存疑的。因为书面的民事诉讼程序如果保障了当事人的法定听审权（特别是在证据调查环节），也会被认为是恰当的、符合法治国原则的。而在《德国民事诉讼法》中，不遵守言词原则的制

① Rauscher, Münchener Kommentar zur ZPO, 6. Auflage 2020, Einleitung Rn. 399 ff.

度如其第一百二十八条第二款的规定，为了程序的简化可以经过当事人同意而不进行言词辩论；再如第四百九十五条之一的规定，可被称之为小额诉讼程序，其规定了低于600欧元的初审法院程序，可以不举行言词辩论，除非当事人申请进行。所以可以认为，言词原则在相当程度上也处于当事人处分的范围内。①

第二，直接原则是对传统上间接审理的背反，主要强调的是判决法官与审理法官的一致性。直接原则基本不会被看作宪法意义上的基本原则，它既不能由《德国基本法》第一百零三条第一款的规定推导出来，也不能由法治国原则推导出来。在具体案件中侵犯了直接原则，并不直接挂钩于何种严重的程序后果。②

（3）修正与思考

德国理论上对于公开原则在诉讼中的地位反思较早，包括了确立公开原则的诉讼内及诉讼外原因，以及公开原则在当下时代的意义等。以下以德国学者卡尔·奥古斯特·贝特尔曼的一段论述进行阐释：

"对于公开主义，《德国法院组织法》的立法者不论过去还是现在都明显不准备拿'更多的民主来冒险'。相反，他们却一再地倒退，甚至倒退到了'48年'对于法院程序的'公开性'提出要求之后。今天——当然不仅仅是从今天开始的——我们不再认为这样的要求对于民事诉讼很重要了……但是对于我们的先父们来说，所有程序都具有这种公开性明显是一个极其严肃的要求。当时的实际情况就是如此，因为国家权力行使和国家关系的

① Rauscher, Münchener Kommentar zur ZPO, 6. Auflage 2020, Einleitung Rn. 317.

② Rauscher, Münchener Kommentar zur ZPO, 6. Auflage 2020, Einleitung Rn. 320.

‘公开性’属于自由的观念和要求的基本要素——当时同今天一样。但是，当时对于公开性的要求可能更加强烈，因为人们当时离专制制度更近一些并且能够从不同方面感受到专制制度。专制主义的管理方式的特点就是秘密行动、防止公开……这就是变革的时代及其方法的典型特征：起决定作用的不是‘新’的制度或‘新’的原则的实用性或者实践性，而是它的新颖性、它具有的贬低‘旧’制度并且在意识形态上战胜旧制度的能力。在当时对于公开主义和言词主义的需求恰恰与此相吻合。它们极其受欢迎——其在实践中的形式越是不确定，就越是受欢迎。”①

在早先时代，言词审理与公开审理具有一体性，公开原则内在地要求言词形式。但是伴随着电子化时代的到来、言词形式与公开审理的解绑以及证据形式变化导致的事实查明变化，言词原则的实质意义逐渐减弱。有观察者提出，阅读《德国民事诉讼法》的印象是德国口头程序至少在普通程序中扮演着非常有价值的主导角色，但这也只是纸面上的法。实际上，德国的书面程序依然占据主导地位，德国民事诉讼法的主要特征是“文件程序”。特别是作为初审法院的地区法院和州法院，一审程序中口头协商在事实认定和规范适用上都起着无足轻重的作用。② 现实中，尤其在沟通没有什么法律性的案件时，言词的意义首先就是缺失的。并且，一个言词辩论程序，只是去解决双方书面文件遗留下的问题，它的功能也是不符合设想的。

除了这种基于现实需求的调整，言词原则在理论方面的意义

① ［德］米夏埃尔·施蒂尔纳编：《德国民事诉讼法学文萃》，赵秀举译，中国政法大学出版社2005年版，第50~51页。

② ［德］彼得·吉勒斯编著：《德国司法危机与改革》，法律出版社2018年版，第256~261页。

也在减弱。德国理论界的认识是，选择口头程序还是书面程序只不过是一个手段适当性的问题。在此意义上，现行法其实已经偏离了言词原则，采行言词与书面相结合的原则。程序内虽然通常设有言词形式的主期日，但往往有前置的书面形式的准备。除此之外，正如上文已经指出，言词辩论本身也是可选择的（《德国民事诉讼法》第一百二十八条第二款、第四百九十五条之一）。①

在立法上，从20世纪80年代起，书面原则逐渐得到强化。“今天，在多数情况下人们只能谈到一个书面和言词混合的程序，而其中的书面因素的分量日益增加。”② 目前，经过历次修正后，《德国民事诉讼法》体现了言词原则与书面原则相结合的特征。比如，当事人在主期日言词辩论之前，原则上要经过一个书面准备的过程，使诉讼参与人各方知晓争议的内容，加快审理进程。在言词辩论过程中，当事人可以援引自己的或对方的书面材料的内容，而不再进行口头重复。再如，法律要求部分诉讼程序行为应当采取书面形式，包括对原告起诉、被告答辩以及采取法律救济手段的书面要求。③ 所以整体而言，言词原则如今会被作为保障法定听审权的一种形式，而书面原则是与之并列的形式，两者均是手段，而不是目的本身。④ 当然，书面程序自然就意味着非直接审理，于是直接原则的地位随之发生动摇，亦不言自明。

---

① Rauscher, Münchener Kommentar zur ZPO, 6. Auflage 2020, Einleitung Rn. 403.

② ［德］米夏埃尔·施蒂尔纳编：《德国民事诉讼法学文萃》，赵秀举译，中国政法大学出版社2005年版，第409页。

③ 参见邵建东主编：《德国司法制度》，厦门大学出版社2010年版，第123~124页。

④ Stein/ Jonas, Kommentar zur ZPO, 23. Auflage, vor § 128. S. 789.

（二）公开原则、直接原则、言词原则之于我国民事诉讼法

1. 公开原则

我国民事诉讼中的公开原则、直接原则、言词原则从纸面走到落实，是以公开原则作为切入点、以开庭审理作为呈现窗口的。20 世纪 90 年代民商事审判方式改革要求“以公开审判为重心，强化庭审功能”，由此可以推知其背后逻辑是，要在实质上实现审判公开，关键是在于庭审的功能强化。为了达到“赢得踏踏实实、输得明明白白、旁听得清清楚楚”的目标，审判活动的重心要移到开庭审理之中，“有话说在法庭，有理讲在法庭，有证摆在法庭，质证、认证在法庭，使事实在法庭查明，是非责任在法庭分清……这才是我国宪法和法律要求的公开审判”①。

司法改革之所以以公开原则为切入点，直接原因是回应社会上对于司法公开的关切，解决实践中存在的“司法暗箱操作”问题，具体即为强调“以公开促公正”，要求审理的内容全部放到公开进行的开庭之中，转变在开庭之前就审理并形成结论意见的做法，以此来保证法院判决是在正当程序之内作出的。由此可见，我们的公开原则是与强调庭审作用密切相连的，是为了确立现代化的程序正当观念，并未直接与事实查明挂钩。这里，庭审担负起了展示和贯彻现代的正当程序观念（公开、口头、直接、集中）的可视化场域。

自 21 世纪第二个十年以来，司法改革向纵深推进，审判公开的范围和形式较以往发生了很大的变化：

第一，就庭审的公开而言，最高人民法院在 2010 年出台了

---

① 最高人民法院研究室编：《走向法庭——民事经济审判方式改革示范》，法律出版社 1997 年版，第 24 页。

《最高人民法院关于庭审活动录音录像的若干规定》和《最高人民法院关于人民法院直播录播庭审活动的规定》，2017 年最高人民法院修订印发《关于庭审活动录音录像的若干规定》。这些规定旨在适应互联网时代对司法公开的多元化需求，要求庭审活动全程同步录音录像，建设透明法庭，并借助诉讼服务平台为依法查阅庭审录音录像提供便利，开辟了庭审公开新路径。庭审直播将庭审录音录像向全社会公开，民众可以随时查阅，长久保存，开创了诉讼档案公开的新境界，也被称为“最彻底的司法公开”。

第二，借助于信息网络技术，公开的范围不限于庭审。2013 年 11 月，最高人民法院发布了《最高人民法院关于推进司法公开三大平台建设的若干意见》和《最高人民法院关于人民法院在互联网公布裁判文书的规定》，规定了审判流程公开平台、裁判文书公开平台以及执行信息公开平台这三大平台的目标和手段。公开审判流程信息，包括了公开常规审判流程、各类案件实体材料和电子送达服务，确保能公开的信息一律向案件当事人及诉讼代理人公开，方便群众诉讼，提升司法公信力。公开裁判文书，接受公众监督，既能加强裁判说理，提升法官司法技能和业务素养，又可统一法律适用，增强行为预期，确保法治统一。公开执行信息，一方面是让公众和当事人及时了解人民法院为实现当事人胜诉权益所采取的执行措施，另一方面则通过完善失信被执行人名单信息公布与查询平台，降低失信者信誉和社会评价，推动社会信用体系建设。

总体来看，受司法政策的强力助推，公开原则在实践中受重视程度很高，与此同时，各界对于公开原则的限度与边界也产生了诸多反思。以庭审直播为例，有学者认为，司法公开的价值不应挤压、侵入其他价值范畴。司法公开的根本宗旨，是在有限时空条件下针对特定主体的公开，其主要应当以一种即时化、概括化、静态化的形式实现。而将庭审直播作为司法公开的普遍形式存在潜在风险，可能成为司法实践的误区，也背离了公开原则的法理定义。① 还有学者指出，庭审直播可能造成寒蝉效应，会降低庭审参与人的能动性，增大审案难度。全景敞视主义的具体应用，会因全景的有界性、虚假景观的迷惑性、被凝视者“意识行动”的不同步性，而难以发挥原先预期的理想效果。② 最后，在当下社会，诉讼公开化所带来的数据安全问题以及个人信息保护问题，亦值得引起注意。③ 所以整体而言，公开原则的基本原则地位虽不容动摇，但审判公开理当有其边界和限制。

2. 直接言词原则

我国理论界对于直接言词原则的定义，和大陆法系的传统观点基本一致。④ 代表性观点认为，直接审理原则有两层含义：“一是‘在场原则’，即法庭开庭审判时，被告人、检察官以及其他诉讼参与人必须亲自到庭出席审判，并且在精神上和体力上均有参与审判活动的能力；二是‘直接采证原则’，即从事法庭审判的法官必须直接亲自从事法庭调查和采纳证据，直接接触和审查证据；证据只有经过法官以直接采证方式获得才能作为定案的根据。”至于言词审理原则，“是指法庭审判活动的进行，须以言词陈述的方式进行。其有两个方面的含义：一是参加审判的各方应以言词陈述的方式从事审理、攻击、防御等各种诉讼行为，所有

---

① 参见左卫民：《反思庭审直播——以司法公开为视角》，载《政治与法律》2020 年第 9 期。

② 参见杨子潇：《庭审直播“以公开促公正”的限度——兼论全景敞视主义的应用边界》，载《法学家》2024 年第 2 期。

③ 参见欧元捷：《论诉讼中个人信息的保护》，载《齐鲁学刊》2023 年第 5 期。

④ 比如，日本对言词原则的传统定义包括两个方面：一是未经言词审理不得判决；二是判决所依据的定案材料必须以言词形式在庭审过程中展现。参见［日］三月章：《日本民事诉讼法》，我国台湾地区五南图书出版股份有限公司 1997 年版，第 383 页。

没有在法庭审判过程中以言词或口头的方式进行的诉讼行为，均应视同没有发生或不存在，而不具有程序上的效力；二是在法庭上提出任何证据材料均应以言词陈述的方式进行，诉讼各方对证据的调查应以口头方式进行，如以口头方式询问证人、鉴定人、被害人等，以口头方式对实物证据发表意见，任何未经在法庭上以言词方式提出和调查的证据均不得作为裁判的根据。”①

按照我国学界的论述，直接言词原则的优点包括：第一，从事实查明方面，以言词对话可以当场表达意见，各方直接的、即时的反应，更可能展现出真实性，有助于裁判者把握事实的真相。第二，从效率方面，法官与当事人之间、双方当事人之间直接地口头交流，有助于在审判当场厘清事实、澄清矛盾、排除无关陈述，法官也可以灵活行使释明权进行争点整理，进而可以实现紧贴双方辩论的活跃审理。第三，直接言词的审理更加符合诉讼公开原则的要求，三大原则相互补充，共同发挥长处。②

实际中，我国诉讼法内确立直接言词原则较少从事实查明的真实性和效率性来论证。在刑事诉讼领域强调直接言词原则，往往是与庭审中心主义相关联，即庭审中心主义是为贯彻落实直接言词原则。其内涵侧重于审判的强化，尤其是强化证人出庭。直接言词原则的关注点与传闻规则有一定的共通之处，原则上要求证人在庭审中作出证人证言，以及不允许证人转述他人的直观感受作为证据。而民事诉讼中确立直接言词原则，一则是针对的是“审者不判、判者不审”这类间接审理的情况，二则是为贯彻公开原则。相比之下，司法机关自身对于直接言词的强调，主要着

① 陈瑞华：《什么是真正的直接和言词原则》，载《证据科学》2016年第3期。

② 参见刘学在：《论民事诉讼中的直接言词原则》，载《中南民族大学学报（人文社会科学版）》2011年第6期。

眼于公开性的问题，即庭审的公开性以及以此为窗口彰显的司法透明度。

（三）公开原则、直接原则、言词原则下适时判决的空间

适时判决与公开原则、直接原则、言词原则的紧张关系在于，判决可能没有经过采取公开原则、直接原则、言词原则的程序形式就被法院作出。那么，应当在价值权衡中固守公开原则、直接原则、言词原则的程序形式，还是与时俱进，对三种原则的刚性予以适度松弛，为适时判决留下空间呢？

1. 公开原则、直接原则、言词原则的当下境遇

首先，公开原则在我国诉讼中仍然占据了原则性的地位，但是司法实践中理应从形式公开走向实质公开，同时对公开的例外和限制给予更多的注意。况且如前所述，我国的司法公开建设追求的是一种全过程、多平台公开，开庭审理其实已经不再是展示审判公开的唯一场域或集中场域，公开审理在很大程度上也与言词审理解绑。

其次，不管是刑事诉讼领域还是民事诉讼领域，严格的直接言词原则都包括正反两个方面的内涵——庭审以言词方式进行；非在庭审中以言词方式进行的资料不能作为判决的基础。① 这实际上将庭审置于一种于判决程序不可或缺的地位。而现实是，现代正当程序理念的革新，导致民事庭审样式呈现出直接审理和间接审理相结合、口头审理与书面审理并存的审理样式格局。反观我国，言词原则能否上升到民事诉讼基本原则层面并在庭审程序

---

① 参见包献荣：《以审判为中心与直接言词原则》，中国政法大学出版社 2018 年版，第 10 页；刘学在：《论民事诉讼中的直接言词原则》，载《中南民族大学学报（人文社会科学版）》2011 年第 6 期。

规则中体现出来，是一个较为复杂的问题。由于庭审顺序设置等原因，各方当事人的口头表达往往拘泥于起诉状或答辩状等诉讼文件，所谓的辩论交锋在事实上异化为书面审理，只不过在外观上保留了陈述的形式。与此相关，直接原则也呈现出形式化、空洞化的一面。所以直接言词原则可能没有被内化为诉讼制度或价值。①

2. 价值衡量

我国台湾地区确立公开原则、直接原则、言词原则有其特定的社会背景和司法运行要求，放松或修正其原则性的要求，是伴随时代发展需要所作出的调整。这种对于原则的开放性态度，理应给我们带来一定的启发。

从程序正当性的角度来看，出于尊重当事人意思自治、平衡实体利益与程序利益等考虑，在一定范围内可以允许传统程序原则之修正。比如，我国台湾地区“民事诉讼法”，容许当事人两造合意选用本案诉讼审理之基本原则，使其参与程序之形成。其内容包括：当事人可以合意不公开审判（“民事诉讼法”第一百九十五条之一），使言词辩论及裁判不必在公开法庭行之；当事人可以合意选择由受命法官调查证据（“民事诉讼法”第二百七十条第三项第四款），不必一律由受诉法院（合议庭）调查证据；当事人可以合意使证人于法院外以书状为陈述（“民事诉讼法”第三百零五条第三项），以代替到法庭的直接言词陈述。上述规定显然与民事诉讼传统上奉行的公开原则、直接原则、言词原则不尽相符。学理上对此的解释是：首先，就公开原则而言，其“固具有担保审判之公正、公平及人民之知的权利等机能，但其常须与言词审理程序相结合始发生作用，因此比不公开情形有较

① 参见王福华：《直接言词原则与民事案件审理样式》，载《中国法学》2004 年第 1 期。

花费劳力、时间致造成程序上不利益之虞；且当事人间往往关心于不使其私争呈于广众之目，而人民实际上亦多未参与民事审判，故在不特有害于公益之范围内，应尊重程序主体权及程序选择权，容许当事人合意选择不公开审理之方式，以促进诉讼，保护程序利益。”其次，就直接言词原则而言，“直接审理之目的在于发现真实，追求实体上利益；由受命法官调查证据，则能节省劳力、时间、费用，便于追求程序上利益，而实体上利益与程序上利益何者优先，应尊重当事人之意思，故如两造合意由受命法官调查证据，应可准许。证人到庭作证，固可便利当事人行使诘问权，并贯彻直接审理及言词审理之精神，但是为便于法院及当事人能尽速掌握案情并进行争点整理，以达集中审理之目标，及避免浪费劳力、时间、费用，以兼顾当事人之实体利益及程序利益，若两造同意时，证人亦得于法院外以书状为陈述。”

从事实查明的角度来看，判决以庭审为正当程序基础，这一形式要求有更为深层次的实质理由，也即法官作为中立第三方作出的判断需要依赖直接的、言词的辩论，以使判断更加接近真实，同时也使得当事人因程序权利受到保障而更能够尊重最终的判决结果。不过事实的查明本就区分了事实自明与事实辩明，在事实辩明的场合，法官有借助程序来补足实体的需要，但在事实自明的场合则无须如此。除此之外，20 世纪以来，在诉讼爆炸、社会诉讼观及协同主义思想的影响下，诉讼证明程序经历了显著地“去形式化”，首先，体现为诉讼原则及证据原则的弹性变强，其次，在某些案件中，“发现真实”对于裁判正当性的重要性被淡化。尤其是哈贝马斯的商谈理论对于民事诉讼的影响，显著地增加了事实认定过程中的合意色彩和可参与程度，使事实逐渐成为一个可以由当事人塑造和改变的协商结果，也给直接言词原则的适用开辟了新的路径。①

从效率的角度来说，言词审理和书面审理何者更为便利，可能无法一概而论，尤其是现下所谓的书面形式借助电子化文本等新兴载体，具有了不同以往的传输方式。在德国，有观点指出，直接言词原则对于诉讼究竟是拖延还是促进，是一个很难证明的命题。德国司法实务界往往将其作为诉讼拖延的一个重要原因，进而弱化和限制该原则的适用。再加上自由主义的诉讼观更强调司法机关对于私权的保护以及对当事人自由的尊重，因此，不再一味强调口头主义和放任当事人滥用口头主义。此外，为了案件管理之需要，德国法官有必要先行了解案情和争议，严格的直接言词原则所要求的法官对案件的认知全部来自庭审中双方当事人陈述辩论，也受到了较大的挑战。②

从社会发展带来的诉讼形式的变化来看，书面程序总体上是缓慢的、沉重的、烦琐的、昂贵的，已经被归为一种古老且过时的偏见。这种偏见源于当时的法庭状况，即所有书状必须手写、手工操作或者用古老的打字机械完成。如今，在信息化社会，电子视听设备、传输设备的运用使书面程序与口头程序一样便捷。电子化审理的发展使诉讼法学者在理论和实践上都面临严峻的考验，迫使我们重新考量所有的程序原则——可获得性原则、提出适时和证据原则、口头协商原则、直接原则、当事人出庭原则、

---

① 参见杨子强：《看得见的正义——民事诉讼中的言词原则研究》，中国人民大学出版社2020年版，第75~77页。

② 参见龙宗智：《刑事庭审制度研究》，中国政法大学出版社2001年版，第80页；包献荣：《以审判为中心与直接言词原则》，中国政法大学出版社2018年版，第31~33页。

公开原则、效率原则等。[①] 具体到我国的民事诉讼，在线诉讼的普遍化实践，同样使直接言词原则面临一定的挑战和修正，部分传统观念发生了不可逆转的动摇。

二、适时判决与适时解纷主义

适时判决的程序正当性，还可以从民事诉讼中的适时解纷主义的角度加以论证。基于适时解纷主义及其所蕴含的当事人的适时裁判请求权，在判决时机成熟之时，法院面临的不仅是可以作出判决的问题，而且是应当作出判决的问题。

（一）民事诉讼中的适时解纷主义与当事人的适时审判请求权

在当代民事诉讼法的理解中，诉讼目的是使当事人能通过诉讼程序实现在程序利益与实体利益平衡点上的权利，而不再是不计诉讼成本地以客观真实发现或权利实现为追求对象。正因为调整了对诉讼目的的理解，适时审判成为诉讼保障不可或缺的内容。早在2004年，国际统一私法协会提出的“跨国界之民事诉讼原则”第七条即为“迅速之权利保护原则”，即法院应于适当时期内终结讼争。于期日安排上，当事人有协同之义务与适当表示意见之权利。程序规则及法院命令须规定合理的期限，并对无正当理由不遵守的当事人施以制裁。

在德国，“程序加速”从避免非必要的迟延的角度，获得了基本法上的意义，更确切来说，适时解决纠纷的权利是基于正当程序而产生的人权。具体而言，诉讼期间过长，虽然不至于使胜

---

① 参见［德］彼得·吉勒斯编著：《德国司法危机与改革：中德司法改革比较与相互启示》，彭海青、吕泽华译，法律出版社2018年版，第262~263、266页。

诉完全归于无用，却会降低胜诉者所取得判决之价值。诉讼的长期化成为有效权利保护的主要障碍。不正义不在于方式，而在于延迟。而且，无论如何理解裁判之实体上正当性之意义，只有迅速之司法始能真正实现权利保护……漫长诉讼期间通常不利于经济上的弱者，增大诉讼机会的差距。诉讼久拖不决，甚至妨碍实体上公正裁判目标之实现。因为当事人及证人记忆会随着时间流逝而淡化，争点将难以解明。在日本，主流观点亦认为，随着诉讼审理之进行，当达到可以对诉讼作出结论之状态时，法院应当及时终结辩论并作出判决。相反，法院若在此时迟疑不决，则是无视当事人利益，因而不予允许。[①] 我国台湾地区民诉理论界亦认为，当事人作为程序主体，是借由程序制度来形成、解释和适用法的主体，应受到适时审判请求权及公正程序请求权之保障。赋予其受到适时审判之机会，有助于平衡实体利益与程序利益，避免系争实体利益或系争外财产权、自由权等为程序而付出额外的耗费。可以说，适时解纷主义的确立，是面临民事诉讼“延迟”挑战这一共性问题时比较普遍的选择。

与此同时，若在当事人的适时审判请求权受到侵害之后，不能提供有效的补偿，则不能称为有效的救济。为此，《德国法院组织法》规定，凡是因法院程序进行期间不适当冗长而遭受不利益的程序关系人，应该受到补偿。关系人得受补偿之不利益，不仅限于财产损失，若法院程序不适当地冗长时，则推定受有非财产上的不利益，但非财产上的不利益补偿限于依个案情况不能以其他方式回复者为限。意大利规定，如果当事人适当期间接受裁判权受到损害，将给予财产上和非财产上的损害赔偿，而且救济的案件本身无须是已确定的终局判决，对于诉讼进行中的案件也

① 参见［日］新堂幸司：《新民事诉讼法》，林剑锋译，法律出版社2008年版，第455页。

适用。《奥地利法院组织法》规定，在诉讼进行中，主张适当期间接受裁判权受到侵害的当事人可以向上级法院申请，命令原审法院于适当期间进行必要的诉讼程序。《西班牙宪法》规定，适当期间接受裁判权受到侵害者，可请求国家赔偿。《法国法院组织法》规定，诉讼迟延可以作为国家赔偿的请求权基础，因司法机关的重大过失或不作为而导致的诉讼迟延均可请求国家赔偿。①不论具体的法律规定如何，当事人的适时审判请求权能够落脚为延迟审判损害赔偿请求权，不仅体现了权利对权力的外部制约，也是法院与当事人协力促进诉讼的机制之一。

（二）程序主体的主体性

一般认为，法院与当事人相互之间都承担了诉讼促进义务，当事人对法院享有适时审判请求权，法院则应当在诉讼指挥的范围内，尽早向当事人阐明事实上及证据上争点问题，并借由可能的失权制裁，反过来促使当事人协同促进程序。不过，真正达到“协力促进程序”的效果，需要尊重并发挥法院与当事人两个方面的主体性。“程序一方面可以限制行政官吏的裁量权、维持法的稳定性和自我完结性，另一方面却容许选择的自由，使法律系统具有更大的可塑性和适应能力……程序开始处于高度不确定状态，但其结果却使程序参加者难以抵制，形成一种高度确定化的效应。”② 若是被卷入形式化的程序里难以脱身，人失去了对程序的主导，反而被教条化的程序所捆绑，应当被认为是不合理的。

一方面，适时判决既然要求根据案件审理的情况来决定程序的续行与终止，而非一概地遵守同一套固定程式来审判案件，这

---

① 参见韩红俊：《论适时审判请求权》，载《法律科学（西北政法大学学报）》2011 年第 5 期。

② 季卫东：《程序比较论》，载《比较法研究》1993 年第 1 期。

就对法官的分辨、判断和决策能力提出了一定的要求。依裁判者的意志对程序进行裁量，既与规则制定者的管理需要存在一定的张力，也容易引起外界对滥用权力的担忧，但是不能因此认为法官的主体性天然地与当事人权益站在了对立面上。对法官主体性的保守态度是根植于大陆法传统的，其与法官的法律适用者身份及法官在历史上的角色地位等有关。从保守的起点出发，当下的趋势反而是鼓励法官发挥主体性，以维护当事人之间的实质公平。

另一方面，适时解纷下的适时审判请求权，与当事人的主体性也是互为因果的。当事人的程序利益具有独立性，从程序利益保护的角度来说，为保障适时审判请求权，就诉讼制度如何利用及运作，诉讼当事人作为程序主体可以请求法院保护其独立于实体利益的程序利益。此项程序利益，是指利用简速化程序或避免缺乏实益的程序所可节省的劳力、时间或费用。① 应当认为，尊重当事人在程序内的主体性，才能认可适时审判请求权的地位；而注重适时解纷对于当事人的意义，赋予其实实在在的请求权、救济权，亦是当事人程序主体性的体现。

---

① 参见邱联恭：《程序利益保护论》，我国台湾地区三民书局股份有限公司 2005 年版，第 5~8 页。

第三节　裁判逻辑视角下的适时判决

适时审判主义要求适时审理与适时判决，适时审理与适时判决是互为因果的一对概念，二者不仅契合现代社会正当程序的应有之义，并且是理顺民事审判逻辑的应有之道。在我国，民事诉讼中对于“庭审中心”的理解存在一定的误区，主张庭审中心者在本质上追求的也并非是形式上、口号上的中心化。适时判决包含了审理“去中心化”的要求，反对一概以庭审为中心的立场，主张将庭审真正拉回到实质化、优质化的轨道上。

一、“庭审中心”的辨与解

审理程序的“去中心化”，本质上是适时审理主义的映射，即法官从开始接触案件信息时就可以认为其开始了审理。审理的过程中必然伴随判断，只不过判断的过程本身是一个不断更新修正、去伪存真的过程，这一过程在形态上更多体现出“积累性”，而不是“中心性”。

（一）民事诉讼中“庭审中心主义”之误读

在我国，庭审中心主义常常被视为审判中心主义的应有之义，而审判中心主义的理念由来已久。在东亚，日本最先提出“审判中心”一词，将其理论化并不断上升为立法规定和刑事政策。20 世纪中后期，“审判中心”及其理念相继被东亚其他国家援用，并作为司法改革目标逐步推进。在我国，“审判中心”一词作为学术命题被提出是在 1993 年，而“推进以审判为中心的诉讼制度改革”在 2014 年被写入《中共中央关于全面推进依法治国若干重大问题的决定》。① 至于庭审中心主义，虽然被作为“审判中心”理念最为关键的一步，但是对二者其实不宜等同看待。有学者指出，审判中心主义与庭审中心主义既有联系又有区别，前者注重的是外部关系，射程更广；后者注重的是内部关系，是前者正当性和权威性得以实现的主要途径。故庭审中心主义的确立和巩固，为审判中心主义奠定了基础，从长远的观点看，庭审中心主义势必走向审判中心主义。②

在广泛的改革语境下，民事诉讼领域也提出并确立了审判中心主义以及庭审中心主义。毋庸置疑，其初衷是为了让民事审判更加公开公正，法律适用更加统一，但需要思考的是，在刑事诉讼领域提出的审判中心主义，是否必然适用于民事诉讼领域？实际上，正如研究者指出，在刑事诉讼中才有讨论审判中心主义的必要，恰恰是侦查主导审判、庭审流于形式的地区才急切呼吁审判能够成为中心。在民事诉讼和刑事自诉领域却不存在“以审判为中心”问题，因为原告、自诉人一叩开司法的大门就进入审判阶段，诉讼中自然以审判为中心，审判中心主义属于顺理成章的事。所以，在民事诉讼和刑事自诉领域探讨审判中心主义并没有实质意义。③ 因此，民事诉讼中倡导的庭审中心主义并不能与审判中心主义挂钩。

---

① 参见高一飞：《“审判中心”的观念史》，载《国家检察官学院学报》2018 年第 4 期。

② 参见顾永忠：《试论庭审中心主义》，载《法律适用》2014 年第 12 期。

③ 参见樊崇义、张中：《论以审判为中心的诉讼制度改革》，载《中州学刊》2015 年第 1 期。

民事诉讼领域推行的庭审中心主义，只是一种处理诉讼中庭审和诉讼中其他环节（主要是庭前程序）的关系的方法，其本质上依然没有脱离20世纪审判方式改革所强调的发挥庭审功能、防止庭审虚化、有话说在法庭、有理辩在法庭的理念。民事诉讼中的庭审中心主义，是要确立庭审为整个民事审判活动的制高点与中心，以开庭审理为导向开展民事诉讼活动。前期诉讼活动以达到庭审调查为标准，是为开庭审理做准备，是辅助环节，而开庭审理是审判活动的中心环节。民事诉讼活动的重大审理裁判程序、步骤在法庭审理中完成，其中包括争议事实的调查、裁判思路的形成、裁判结果的确立与宣告等。① “保证庭审在查明事实、认定证据、保护诉权、公正裁判中发挥决定性作用”无疑是正确的，为了改变庭审虚化、庭审走过场而呼吁“以庭审为中心”也有其积极意义。不过所谓的中心化，似乎要求所有案件都要质证在法庭、事实认定在法庭，而忽略了判决的作出有自身的前提条件，即满足事实正当性、时机正当性、形式正当性的要求。

当某一事物被称为中心时，便意味着其他事物不得不围绕这一中心而排列，其他事物也为实现中心的目标而发挥作用。② 这种强调以庭审为中心，一旦被简单化为一种标签，就会在司法实践中引发一些特别的影响：第一，庭审既然作为中心，庭审也自然是民事诉讼程序中所必需的一环，像美国诉讼中那般可以不经庭审而判决，在规则上就是不能容许的。第二，庭前程序是一种依附性的程序，在功能上是为了庭审程序而存在，程序设计上也是服务于庭审，故不具有独立性。第三，依附性的庭前程序不能

---

① 参见许云莉：《“以庭审为中心”是公平高效审判的坚实路径》，载中国法院网，https://www.chinacourt.org/article/detail/2015/11/id/1747512.shtml，2024年9月27日访问。

② 参见蒋惠岭、杨小利：《重提民事诉讼中的“庭审中心主义”——兼论20年来民事司法改革之轮回与前途》，载《法律适用》2015年第12期。

越俎代庖，法官在庭前程序中的客观活动及主观判断被划定了范围边界。像德式诉讼程序中那样，庭前程序（早期首次期日）具有代替庭审程序（主期日）的可能，也就会难以被接受。

严格的庭审中心主义因其自身的局限性，无法在实践中完全贯彻，表现为：第一，庭审形式化的问题难以避免。囿于庭审必要主义，庭审中心化仍然存在庭前程序与开庭程序的协调问题。如果庭前整理争点的工作做得充足，那么很可能发现案件没有实质争点或者争议已经消失，但是开庭仍然必须为之，这就造成了开庭程序的另一种虚化——因为无事实争议可供审理而进行的审理。第二，非正式开庭的大量存在。一方面，为满足办案的法定程序要求，通常至少须有一次正式开庭、有一份正规的开庭审理笔录。如果未能满足这一要求，案件可能会被视为“严重违反程序”。另一方面，为规避程序烦琐的正式开庭，或是为了避免多次正式开庭，实践中倾向于以非正式开庭来替代正式开庭。非正式开庭与正式开庭的收益基本相同，但成本更低，并且非正式开庭还有助于法院实现解决纠纷的目标，弥补正式开庭在纠纷解决方面的局限。由此，《民事诉讼法》有关“开庭审理”的表达与实践出现了不一致：鉴于法律要求严格按程序开庭审理，且只要有一次正式的开庭审理即能满足程序的最低要求，“开庭审理”的实践便演化为“一次正式开庭+若干次非正式开庭”。① 最后还应看到，大量的非正式开庭进一步导致正式开庭的虚化，使庭审形式化的问题加剧。法官通过非正式开庭获取了裁判的足够信息，从而降低了对正式开庭的需求，并有可能使程序主体形成不认真对待正式开庭的倾向。

---

① 参见徐昕、徐昀：《非正式开庭研究》，载《比较法研究》2005 年第 1 期。

（二）“去中心化”的审理程序

前文探讨了庭前程序的三种价值及其不同功能导向下的程序形态，从我国民事诉讼既往的庭前程序改革可以发现，纠纷解决的重心无论是放在开庭审理还是放在庭前程序，都会面临一些问题和挑战。在理论层面上，虽然可以提出以庭审为中心建构审判程序，或者以庭前程序为平台发展替代性程序，但是纠纷解决不一定存在固定的重心，因为纠纷在哪一阶段得到解决，不可能也不应当预先地、划一地作出规定。且不说纠纷的性质内容有多种类别，即便是同一种类型的纠纷，双方当事人的态度、事实查明的难度、法官的作用程度等因素都将影响纠纷解决的进程。一概认为某一类纠纷适宜在庭前或庭上解决，往往会与实际不符。因此，民商事审判总体应抱定适时解纷主义，毕竟纠纷和纠纷当事人都是个性化的，随着程序的推进和事实的铺开随时考察有无解决纠纷的机会，方属科学有效。① 适时解纷主义既包含了适时判决的要求，也包含了适时审理的意味，且适时审理构成了适时判决的前提。

适时审理主义可以引申出审理程序的“去中心化”，这终将使民事诉讼程序呈现庭前程序与庭审程序二元解纷的结构，其要义在于：庭前程序与庭审程序均具有独立解纷的功能，都可成为民事诉讼流程的终结点，判决将在“适于判决时”作出，不应因处于庭前程序或庭审程序而有异同。具体来说，庭前程序在实体层面具有归纳争点和裁判无实质争议案件的双重功能，在程序层面具有案件分流和实质性解纷的功能。法官在庭前程序有实体审判权，也有相应的判决机制使无实质争议案件在具备裁判条件时

---

① 参见康健：《分流而非推销：程序选择权视角下的审前程序改革》，载《山东社会科学》2018 年第 12 期。

判决结案。与此同时，庭审程序则专注于实质争议案件的审理与裁判，庭审围绕基于主张责任法理过滤出的具有证明需要的事实来展开证明程序。由此，庭前程序与庭审程序既各司其职又紧密衔接。庭前程序同时作为庭审程序的前置筛选程序发挥作用，进入庭审程序的案件是有必要进入证明程序的案件，在庭审中解决事实辩明问题。

从外在表现形式上看，审理程序的“去中心化”，是通过庭前和庭审程序的改造使民事诉讼程序在整体上形成二元解纷结构。为此，民事诉讼领域需着重在以下两方面完善相应的配套支持。

第一，落实诉答程序，保障庭前程序当事人的互动性。诉答程序虽然不能凭借一己之力形成明确的证明对象和裁判范围，却是完成这一工作的重要程序环节，若是缺乏当事人之间的案件信息交流，后续的争点整理程序也就丧失了基础。原告和被告的诉辩主张明晰、固定，是界定案件有无实质争议、案情复杂与否的前提。解纷化庭前程序以当事人的诉辩情况作为有无实质争议的重要标准，诉答程序因此成为庭前审理的逻辑起点和程序基础。我国《民事诉讼法》并未确立答辩失权制度，导致诉答程序缺失了制裁的压力。为使法院全面掌握案件信息，促进法院、原告和被告之间的三方互动，应当建立答辩失权制度，明确规定在被告接收到起诉状的一定时限内必须提交答辩状，否则将承担相应的不利后果。

第二，完善证据交换和整理争点程序，最大限度地缩小和消解案件争议。我国《民事诉讼法》规定的证据交换和整理争点通常在庭前会议中进行，但是目前的司法实践将庭前会议作为案情复杂案件的专属程序，其他案件往往跳过证据交换和整理争点程序直接开庭审理。庭前会议程序的可有可无，是将“为庭审做准备”视为庭前程序唯一价值追求的直接后果。在庭前解纷化的语境下，证据交换和整理争点程序是法院、原告、被告三方主体进行对话的重要场合。在证据交换中诉讼资料得以全面呈现，各方主体互相交流观点、重新审视立场，能够达到争议减少、案件渐明的效果。其中，事实自明类的案件或者案件中的事实自明部分将浮出水面。

二、适时判决与庭审的实质化、优质化

“去中心化”的审理程序，为展开适时判决的理念与制度铺平了道路。在“去中心化”的审理程序中适时判决，是庭审实质化与优质化的保障，因为它首先能够理顺庭前程序与庭审程序的应然关系，消除二者之间的“不当混同”与“不当竞争”，以此为基础，开庭审理才能真正实现聚焦，提升质效。

（一）庭前程序与庭审程序的关系之现实

1. 有待思考的程序混同感

在我国当下的民事诉讼实践中，正式开庭中的一些程式化要求其实在被逐渐松绑。曾经有一种流行观点指出，某些程式能够让当事人感受到法庭权威和程序正义，形式化、程序性的诉讼过程本身有缓和当事人不满情绪的效果。但其实没有确切的研究表明，当事人的不满可以被正式且烦琐的程序所吸收。现实中更多出现的情况是，法院的程序迟延可能会引发和加剧当事人的不满。

在多种因素的作用下，我国的开庭审理与庭前程序体现出形式上的类似，开庭审理程序的特有要素并不突出。例如，庭前程序与庭审程序都可以在法庭内进行，都可以由法官主持、双方当事人参与，其中都可以涉及对事实和证据的辩论交锋。这种情况不断演进，导致了庭前程序与开庭审理在外观上出现了一定程度的混同。例如，一方面，为强化庭前程序的准备功能而给庭前程

序注入了实质性的审理内容；另一方面，在正式的庭审程序之外存在大量的非正式庭审。这种现象所反映的是真正需要正式庭审的民事案件占比其实不高，法官和当事人在大多数案件中更关心如何快速解决纠纷。更需要看到的是，新技术手段引入民事审判之后，对传统的庭审观念产生了较大的冲击，异步审理、电子诉讼、在线开庭等基本都不具备传统庭审所要求的外在化正式形式，这在一定程度上加剧了庭前程序与开庭审理在外观上的混同。两种程序出现外观混同情况，传递出需要思考民事审判程序“去中心化”并确立适时判决理念的时代声音。

2. 有待消除的内容竞争性

在庭前程序与庭审程序的关系上，法院有时会发现自己身处一种矛盾境地——提高对庭前程序准备工作的要求，往往会削弱庭审的充实化程度。我国有学者结合刑事诉讼对此问题作出解读，其对于思考民事诉讼中的相关现象亦有一定的参考意义。按其阐释：如今一提出庭审实质化，便有一种主张应运而生，那就是要进一步提高审前活动的要求，提升案件的质量和证据的证明力，使提交给法庭的证据经得起法庭上的质疑和严格的检验，保持无罪判决率不至于因庭审实质化而有明显上升。殊不知，越是提高审前案件的精度，就越强化了庭审活动的空洞化……①

在民事诉讼中，庭前程序与庭审程序在审理内容上的竞争关系同样存在。按学界主流观点，庭审前不要求法官以一种全局的视角来对案件情况作出实质性的判断，因为这种判断被视为危险的“先入为主”。故“审理前准备”是针对其“准备”的功能而言的，未能摆脱庭审附属环节的定位。在现行立法下，庭前准备包含送达诉讼文书、调查收集必要的证据、追加当事人、程序分

① 参见张建伟：《证据法发展的实践动力与阻力》，载《证据科学》2016 年第 3 期。

流、组织交换证据等，而法官在其中的职权是受一定程度的限制的，特别是不能对最终的实体问题作出判断等。① 换言之，庭审之前的证据和争点整理活动，说到底只是为了使庭审的对抗更加高效和有序地进行，而不能够也不应当取代法庭上的对抗。② 基于此，理顺庭前程序与庭审程序关系的关键是“要明确审理前准备的任务在于确定作为判断对象的争执焦点和将于开庭时提交审查的证据，而把形成关于案件事实的实体上判断尽可能地留待于开庭审理”③。这种人为要求“留待于开庭审理”，体现了对待庭前程序与庭审程序竞争关系的态度——庭前程序保持克制以防止对庭审的内容产生侵占。

《德国民事诉讼法》第一百三十七条第三款准许言词辩论中援引文书内容，如此便可以促使言词辩论集中于有讨论必要的问题，避免多余的、反复的陈述。假如经过书面准备程序之后没有要继续辩论的问题，那么按照第一百二十八条第二款不经言词辩论而作出判决，也是可能的。不过，允许援引书状内容的规则再加上避免失权，又使准备书状程序的冗长和缺乏条理这类问题变得越发严重。所以，德国民事诉讼的改革对象又瞄准了准备程序，包括运用电子化技术来实现简化目的。

（二）庭审实质功能的纯化与回归

对上述程序外观混同和内容竞争问题的解决方案，易陷入两难境地。一方面，若是将纠纷解决的重心固化在庭上，就会出现

---

① 参见江伟主编：《民事诉讼法》，中国人民大学出版社 2013 年版，第 278~281 页。

② 参见吴泽勇：《民事诉讼审前准备程序的正当化》，载《法学》2005 年第 1 期。

③ 王亚新：《社会变革中的民事诉讼》（增订版），北京大学出版社 2014 年版，第 119~120 页。

对庭前程序工作内容“限流”的情况，以防止审前工作超出为庭审做准备的范畴。无论案件是简单还是复杂，也无论事实在庭前程序中是否可以得到查明，纠纷解决的主体部分工作均要留到或至少是象征性地留到庭审阶段。另一方面，若是将纠纷解决的重心固化在庭前，则会出现庭前程序“截流”纠纷的情形，过度执着于纠纷的前端化解，即便当事人期望经过规范化的程序得到法律判决，也需要在庭前程序中经历替代性程序的阻截，① 显然有违当事人的自愿原则。因此，解决问题的思维必须是体系化、系统化的，在把握庭前程序和庭审程序各自功能定位的基础上，着力实现庭审实质功能的纯化与回归，以达到“使庭审归于庭审、庭前归于庭前”的目的。

1. 激活庭审调查与辩论

即使在强调庭审的语境下，现阶段，开庭审理的空洞化问题并未得到彻底解决，开庭审理中法庭调查与法庭辩论的效果与预想仍有差距。

庭审形式化、空洞化的根本原因在于无实质争议案件与庭审程序的不适配，而机械地坚持庭审的垄断性、绝对性、中心性地位，既为理顺开庭审理的功能带来障碍，也为深化司法改革、优化审判程序增添困扰。为科学地完善民事诉讼程序结构，必须在制度层面澄清庭审的实质功能，实现其实质功能的纯化与回归。总体而言，庭审的实质功能应定位为专注地对存在实质争议的案件进行集中审理，其核心内涵有两点：其一，庭审内部的民事案件必须存在实质争议；其二，庭审内部的程序设计应致力于止息争议。

本质上，只有存在实质争议的民事案件才有运用开庭审理的

---

① 参见康健：《分流而非推销：程序选择权视角下的审前程序改革》，载《山东社会科学》2018 年第 12 期。

必要，因为只有这类案件才存在当事人辩论的必要，事实辩明需要在充分的程序保障下进行，这是设置开庭审理制度的本意。我国民事诉讼实践中，相当数量的案件并不含实质争议，其中一部分通过民事非讼程序解决，另外一部分仍然属于民事争讼案件范畴。民事诉讼程序的目的之一是解决纠纷，没有实质争议的案件在理论上并非民事诉讼程序的关注领域，至少应是民事诉讼程序中非常态的个例。但在司法实践中，大量此类案件占用了有限的司法资源。

在程序中贯彻落实辩论主义和对审原则，是当事人主义模式下民事诉讼解决纠纷的基本方式。当事人双方在法庭调查和法庭辩论环节举证质证、互相辩驳，是为论证和说明争议中己方的观点。若案件本身没有实质争议，庭审程序的对抗就沦为形式，为获得判决而走完庭审流程，自然不符合诉讼程序的裁判逻辑和效率要求。因此，在法律层面将无实质争议案件从庭审中剔除，使庭审专注解决有实质争议的案件，才能够纯化开庭审理，激活庭审的调查与辩论。

2. 庭前程序的过滤作用

为使庭审程序承接有实质争议的案件，就需要发挥庭前程序的过滤作用。要真正体现庭审的地位，就要解决案件分流的问题。如果案件不分流，每个案件都要强调庭审的实质化，那么法院就会被汹涌而来的案件所淹没。① 而所谓的分流、过滤，离不开庭前判决的作用。一方面，它筛选过滤出没有实质争议的案件，使开庭审理集中于有实质争议的案件；另一方面，庭前判决为无实质争议案件建构一个适配的审理判决程序，为无实质争议案件在民事诉讼程序中开放一个便捷的出口，体现了程序的比例

① 参见张建伟：《证据法发展的实践动力与阻力》，载《证据科学》2016年第3期。

原则，同时提升了诉讼效率。

根据司法认知的规律，案件在没有进入审理程序时，根本无从知晓是否存在实质性争议。2015 年我国《民事诉讼法司法解释》确立了立案登记制，在立案阶段对案件只进行形式审查，但我国民事诉讼程序的繁简分流机制仍然要求在立案阶段完成案件适用何种程序类型的划分。于是，只要是不存在《最高人民法院关于适用简易程序审理民事案件的若干规定》确定的五种不适用简易程序情形的案件，在司法实践中一律被先行分流至简易程序。这种判断方式在实践中发挥了一定的功效，但无法彻底完成对有无实质争议的划分。实际上，一些标的额小、表面案情简单的案件，其背后可能隐藏了重重矛盾。相反，一些诉讼资料丰富、法律关系错综复杂的案件，可能会因当事人的认诺行为而毫无争议。从“争议”的运行机理上分析，争议必须是多个主体针对某个对象产生的分歧。在民事诉讼中，争议的对象应当为案件的事实问题和法律问题。根据争议的“多主体性”，对有无实质争议的判断不能仅依靠原告一方提供的资料，而必须以双方当事人诉辩情况为标准。根据原告和被告诉辩情况的不同，无实质争议或者可视为无实质争议的案件主要包括以下几种。

第一，被告没有回应的案件。被告没有回应，具体是指在起诉状副本、应诉通知书等诉讼文书送达至被告后，被告无客观原因不递交答辩状，亦不参加审理的情形。法院审理此类案件，只能接触原告一方的诉讼资料，无从得知案件的争议点。此时，审理主体关系呈现出只有法院和原告参与的直线模式，对审原则和辩论主义缺乏适用的条件，自然也无须大费周折地适用庭审程序，应当在庭前程序以“不应诉判决”的形式结束对案件的审理。

第二，被告回应表示无争议的案件。被告回应表示无争议，具体是指被告对案件的事实和权利义务关系没有异议，认可原告所有的诉讼请求。此类案件通常可以通过和解或者调解程序解决。但是，现实中，此类案件有些是不具备和解与调解条件的，比如当事人强烈抗拒调解，坚持寻求法院行使审判权，这种案件若适用庭审程序则会导致程序空转。因此，法官亦应当在庭前程序中对此类案件作出判决。

第三，争议显不合理的案件。争议显然有违常理，是指案件中的争议显然违背事理和法理。在此类案件中，被告的答辩意见与原告的主张相左，但是一方的意见没有法律裁判上的意义，或明显违背事理和法理。此类案件往往是某一方当事人在诉讼中已经明显处于绝对优势的地位，另一方当事人意识到自己所处的境遇后，仍然提出不具有任何意义或者明显缺乏证据支持的异议。这种情况下形成的争议不具有实质性，也不必通过庭审来解决，在庭前程序中即可作出实体判决。

第四，被告下落不明的案件。被告下落不明，是指在诉讼程序中，原告提供了具体明确的被告姓名或名称、住所等信息，法院仍无法与被告人取得联系。一般而言，法院通过送达程序与被告取得初始联系，而被告下落不明的，法院只能采取公告送达，以保障被告的程序性权利。但是，单一主体对案件的描述不能够形成争议，因此，此类案件应在庭前程序中解决。

第六章

庭前判决论：事实自明案件的程序出口

目前，在庭前会议中开展证据交换和争议焦点整理等活动，实质上已经使庭前程序成为法院实体审理的组成部分，其内涵接近于适时审理主义。只是《民事诉讼法》对法院在庭前程序内作出实体判决尚无规定，导致适时判决主义尚未取得合法身份。民事诉讼的目的之一是纠纷解决，审判程序的设计理当服务于这一目的。当解决纠纷的条件已经成熟，规范上应为程序的终结打开通道，为纠纷的快速解决提供条件，而不是“一刀切”地要求诉讼流程的形式完整性。确立适时判决主义，主张采用实质化的标准来判断何时可以作出判决，可挖掘民事诉讼各个程序阶段独立解决纠纷的可能性，逐步向并联型的审判模式靠拢。其中，建立起庭前判决的机制，尤其可以为事实自明类案件提供正式的、法律化的程序出口，对我国民事诉讼实践具有显著的现实意义。

第一节　庭前判决的基本形式

庭前判决制度在域外民事诉讼法内并不少见，比较典型的形式包括不应诉判决、即决判决、基于诉达文书的判决等。下文即根据两大法系主要国家的规定，简要介绍几种庭前判决的程序形式。

一、不应诉判决

不应诉判决又可称为缺席判决，大陆法系和英美法系中均存在不应诉判决的概念，但其内涵及具体规定存在一定的差异。

（一）德国的缺席判决

在德国，通常的缺席判决包括对原告的缺席判决和对被告的缺席判决。如果当事人没有在案件申请之后至期日结束之前出现在恰当指定的强制性言词辩论期日或者没有进行辩论，就属于缺席。根据《德国民事诉讼法》第三百三十条的规定，原告缺席言词辩论期日的，可以依对方申请作出缺席判决，驳回原告的起诉。该法第三百三十一条规定，被告缺席言词辩论期日，原告申请对其作出缺席判决的，原告对事实的言词陈述视为得到了被告的自认；原告的诉讼请求有理由的，应当依请求给予判决；被告未依照第二百七十六条第一款、第二款及时表明准备针对起诉进行防御的，法院依照原告的申请不经言词辩论进行裁判。①

总结而言，根据通常的缺席判决的规定，原告缺席的，诉讼要么经申请通过缺席判决作为不正当而驳回，此时原告的请求权被否定；要么在诉讼前提要件缺失时，诉讼作为不合法而驳回。若是被告缺席，法院根据原告的诉讼请求对被告作出缺席判决的条件包括：一是诉讼具有说服力，即应当被视为自认的原告陈述足够说明诉讼的理由；二是起诉状没有瑕疵，且其他所有的诉讼前提要件都能成立。②

---

① 参见《德国民事诉讼法典》，赵秀举译，法律出版社2021年版，第112页。

② 参见［德］罗森贝克、施瓦布、戈特瓦尔德：《德国民事诉讼法》，李大雪译，中国法制出版社2007年版，第771~779页。

除了通常的缺席判决，《德国民事诉讼法》第三百三十一条第三款规定了书面缺席程序。在书面准备程序中，审判长在送达起诉状时敦促被告，在送达之后两周的不变期间内向法院书面告知是否有意愿对起诉进行防御。被告在该期间内没有告知法院其防御意愿或者合理地撤回其告知的，则法院依原告申请不经言词辩论作出裁判。① 书面缺席程序由1976年《德国程序简化法》引入，其目的是促进当事人尽早提出攻击或防御方法、促进诉讼快速终结。不论是通常缺席判决还是书面缺席判决，都被认为是符合基本法法定听审权的要求，二者都属于程序给予当事人攻击或防御机会而当事人没有行使权利的情况。

对于缺席判决的救济，规定于《德国民事诉讼法》第三百三十八条。缺席的一方当事人对于受诉法院所作的缺席判决，均不能通过控诉或上告等通常的救济手段表示不服，而只能向受诉法院声明异议。德国理论上认为，异议仅为缺席的一方当事人针对受诉法院所作的缺席判决的临时救济手段，而非上诉。与针对对席判决表示不服的控诉、上告等通常救济手段不同的是，当事人的异议不具有将案件移送到更高层级法院审理的效果。根据《德国民事诉讼法》第三百四十二条的规定，合法的异议能够带来的效果是将整个诉讼恢复到当事人缺席前的状态。

（二）日本的缺席判决

在日本，缺席判决是指在一方当事人本来就住所不明、经公告送达仍无反应，或者虽然接受了送达但进行攻击或防御的态度极其消极，尤其是在开庭时缺席、放弃进行口头辩论的情况下，法院只得根据另一方提出的判断资料作出判决。适用缺席判决的

---

① 参见［德］罗森贝克、施瓦布、戈特瓦尔德：《德国民事诉讼法》，李大雪译，中国法制出版社2007年版，第779~780页。

情形主要包括：一是经公示送达后被告仍无任何反应，在第一次口头辩论期日法院听取原告的辩论并对现有证据进行审查后，如果认为请求是有道理的，即可作出原告胜诉的判决。二是已经向被告进行了合法有效的诉状和出庭传唤状送达，被告既不提出答辩状或其他准备书状，又从第一次口头辩论期日起无故缺席。在此情况下，法院可推定被告承认原告所主张的事实，如果法院认为原告请求显得确有道理，即可作出缺席判决。三是原告或被告有一方在第一次口头辩论期日缺席，或者即使到庭也不作任何辩论即退场。如果缺席者在此之前已经提出了诉状或其他准备书状，那么原告缺席视为其已在该期日口头陈述了诉状内所记载的请求及原因事实；若是被告缺席，则视为其已在该期日口头陈述了答辩状或其他书状中所记载的事实。四是被告如果在首次庭审期日既不提出答辩状又不出席庭审，受诉法院可径行认定被告对原告所主张的事实适用拟制自认。只要原告所主张的事实具备有理性，法院即可径行终结程序并作出支持原告诉讼请求的判决。①可见，日本的缺席判决制度既包含了在正式的口头辩论之前作出的庭前判决，也包含了庭审未完成之际的实体判决。

（三）美国的不应诉判决

美国的不应诉判决，是指法院根据当事人不应诉或不遵守法院命令等原因所作出的败诉判决，其在性质上属于一种制裁措施。以法院作出不应诉判决的根据为标准，《联邦民事诉讼规则》第五十四条将不应诉判决区分为三种类型：一是被告对于原告的起诉状从未到案，或者从未针对原告的起诉状作出答辩的反应。

① 参见王亚新：《对抗与判定——日本民事诉讼的基本结构》，清华大学出版社2002年版，第131~134页；占善刚：《当事人缺席的基本性质与科学规制——基于比较法上的分析》，载《法学论坛》2023年第4期。

二是被告虽然已经出现在诉讼中，但是没有提交正式的答辩状；或者尽管提交了答辩状，却没有出席开庭审理。三是被告没有遵守法院在庭前程序中作出的某项命令，法院以不应诉判决作为对被告的一种制裁。以不应诉判决作为制裁措施的规定，是美国民事诉讼程序的一个特点。法院的此项权力被视为衡平法上固有权力的组成部分，旨在督促当事人在发现程序和庭前会议阶段遵从法院的程序性命令，或者积极进行诉讼上的协作。不同类型的不应诉判决，在获得判决的程序上存在差异，在当事人申请撤销判决的条件上也有不同。不过，不管作出不应诉判决是基于何种原因和程序，凡不应诉判决均产生类似的法律后果，即在实体问题上作出有利于原告的决定。①

（四）英国的不应诉判决

在英国，不应诉判决是指在被告未提出送达认收书或答辩状的情形下，法院不经开庭审理而径行作出的判决。根据《英国民事诉讼规则》的规定，被告在提出送达认收书或答辩状的期间已经届满而未提出文书的，原告可基于此取得不应诉判决。若被告已经提出送达认收书，但未提出答辩，原告在答辩期间届满后可基于此取得不应诉判决。取得不应诉判决的方式有请求书和申请书两种。前者主要适用于给付之诉或仅要求承担固定诉讼费用的诉讼，后者主要适用于对未成年人或精神病人提起诉讼、向配偶提起侵权诉讼、要求交付财物的诉讼等。不应诉判决不符合法定条件，或者请求的债权在作出不应诉判决前皆获得清偿的，法院可以撤销不应诉判决。除此之外，撤销或变更不应诉判决的主要情形有两种：一是被告对诉讼请求的答辩有胜诉的实质希望；二

① 参见汤维建：《美国民事司法制度与民事诉讼程序》，中国法制出版社 2001 年版，第 461~470 页。

是存在其他充分理由，使法院认为应撤销或变更不应诉判决，或应准许被告答辩的。①

二、即决判决

即决判决，是指不必经过充分的开庭审理或者不经过开庭审理，当事人获得关于案件实体问题的有拘束力的终局判决。即决判决是主要存在于英美法上的一种庭前判决制度，这与英美法系传统上将庭前程序视为可以独立解决纠纷的观念紧密相连。在英美等国，庭前程序的独立性较强，它除了具有为庭审程序整理争点和证据、保证庭审集中化进行的功能之外，还允许法院根据当事人的诉答和发现程序的结果适时作出裁判，促使案件在诉讼进行的早期终结。在庭前程序的历史发展中，即决判决既提高了民事诉讼吸纳和化解纠纷的能力，也满足了及时给予当事人救济的现实需求。所以，即决判决从最初只适用于少数案情简单的案件，发展到广泛适用于各种类型的民事纠纷。

（一）英国的即决判决

即决判决是英国19世纪中期的一项程序创新，其起源可以追溯到英格兰1855年《汇票交易法》，该法最先规定了在少数几类涉及确定金额的索赔且被告只有虚假抗辩的合同案件中，将即决判决作为一种不经庭审即解决案件的方法。从其起源而言，即决判决是作为原告的武器被设计出来的，目的在于阻止和对抗被告的虚假答辩。一方面，在被告为了拖延诉讼而提出没有实际根据的答辩时，即决判决使原告的诉讼请求可以不经开庭审理而得到法院的确认；另一方面，相比于通常的诉讼程序，不经开庭审

① 参见徐昕：《英国民事诉讼与民事司法改革》，中国政法大学出版社2002年版，第146~147页。

理而获得的即决判决为当事人提供了更加简便高效的程序。[1] 随着制度的发展完善，英国民事诉讼开始允许被告向法院提出即决判决的申请。

法官作出即决判决的条件主要有两个：一是原告的诉讼请求或对某一争点的答辩，没有成立的可能；被告对原告诉讼请求或争点的抗辩，没有胜诉的希望。二是法院认为没有理由对特定案件或围绕案件争点举行庭审程序的，可就全部诉讼请求或某一特定争点，对原告或被告作出即决判决。[2] 此外，规则在演进中还允许了未经申请的即决判决，即原告与被告双方都没有向法院提出申请，但法院判断原告或被告没有胜诉希望以及没有其他理由进行开庭审理的，也可以依据职权作出即决判决。

（二）美国的即决判决

在美国，即决判决既可以由当事人通过庭前动议的方式向法官提出申请，也可以由法官在无人申请之际依职权作出。适用即决判决的情形，是案件进入发现程序之后，有关的诉讼文书足以表明关于要件事实不存在真正的争点，导致没有必要开展庭审程序。因此，作出即决判决的条件是当事人在实质性的事实问题上不存在真正的争议，仅仅对法律问题存在争议的，也没有开展庭审活动的必要性。当事人申请即决判决的，应当向法院表明庭前发现程序的结果符合适用即决判决的条件。若当事人要求即决判决的动议被法院驳回，案件则会进入法庭审理，当事人也可以在

---

① 参见齐树洁主编：《民事审前程序新论》，厦门大学出版社 2011 年版，第 105 页。

② 参见徐昕：《英国民事诉讼与民事司法改革》，中国政法大学出版社 2002 年版，第 148 页。

庭审中提出涉及该动议的问题。①

在美国，围绕即决判决的争议之一，在于它是否与宪法规定的权利相冲突，即任何标的额超过 20 美元的案件当事人都有权获得陪审团审理的宪法权利。多数人的观点认为，即决判决之所以允许案件不经开庭审理程序而获得裁判，是因为法院认定该案件不存在呈交陪审团决定的争议事实。陪审团的职责既然是判断案件的事实问题，那么当案件不存在事实问题的争议时，不经陪审团审理而获得即决判决就对当事人的宪法权利无损。②

三、基于诉答文书的判决

普通法中曾有一种"妨诉异议"的制度，是指任何一方当事人在诉辩环节结束之后，都有机会请求法院不经庭审而专门对诉答文书作出判决。这一制度被《联邦民事诉讼规则》所吸纳，发展成为一项正式的规则，即"基于诉答文书的判决"。

根据《联邦民事诉讼规则》的规定，在诉辩结束之后、不会造成审判迟延的合理期间内，一方当事人可以提出基于诉答文书作出判决的申请，法院则需要对起诉状、答辩状进行审查。基于诉答文书判决的申请，准许当事人质疑对方当事人的诉或辩，论证对方当事人没有满足诉或辩的责任。这就是说，如果被告没有充分地回答起诉状以否认起诉状中的主张，则原告可以提出基于诉答文书判决的动议。原告的起诉状存在缺陷，或者被告提出积极抗辩而原告没有回复的，则被告也可以提出基于诉答文书判决

---

① 参见［美］史蒂文·苏本、玛格瑞特（绮剑）·伍：《美国民事诉讼的真谛：从历史、文化、实务的视角》，蔡彦敏、徐卉译，法律出版社 2002 年版，第 155~164 页。

② 参见汤维建：《美国民事司法制度与民事诉讼程序》，中国法制出版社 2001 年版，第 456~457 页。

的申请。[①] 如果原告或被告的申请不能成立，则案件就会进入诉讼的下一个阶段——发现程序。在发现程序中，原告或被告仍然可以诉诸即决判决、不应诉判决等能够早期终结诉讼的机制，以获得庭前判决。

四、舍弃判决与认诺判决

《德国民事诉讼法》第三百零六条、第三百零七条分别规定了舍弃判决与认诺判决。据条文，若原告在言词辩论中舍弃了其请求权，被告可以提出驳回原告请求的申请，那么法院应当根据原告的舍弃行为作出驳回原告请求的判决。若被告全部或部分承认原告针对其提出的请求权，应当根据被告的认诺对其作出败诉判决，在此范围内法院无须组织言词辩论。舍弃与认诺都是单方表示的诉讼行为，二者法律性质相同，并且只能在征得对方当事人同意时或者根据第五百八十条第四项被取消。

原告的舍弃行为使诉讼因不正当而被驳回，其判决的既判力阻止原告再度提起重复的诉讼。这一点使舍弃行为显著区别于撤诉行为，因为撤诉带来的是诉讼系属的终止，既不会引起驳回诉讼的判决，也不会阻止原告提起新的诉讼。此外值得注意的是，针对舍弃判决的程序，《德国民事诉讼法》第三百零六条专门要求被告提出相应的申请，而法院作出认诺判决则不受此要求约束。这是因为认诺是直接以诉讼标的本身为对象的，导致法官在此不具有适用法律的空间，只能根据当事人主义原则作出支持原告诉讼请求的终局判决。该判决“依照认诺”或者“基于认诺”作出，表示法官既不能审查诉讼主张的真实性，也不能审查其说服力，而只能审查认诺的合法性、事实构成以及一般诉讼前提要

① 参见赵泽君主编：《民事诉讼快速解决机制的立法研究——以诉讼拖延的成因与治理为视角》，中国检察出版社2011年版，第55~56页。

件（诉的合法性）是否具备。①

相对于通常诉讼程序中经过法庭调查才作出的终局判决，舍弃判决与认诺判决在程序较为简化，这种简化也体现在判决书的内容上。根据《德国民事诉讼法》第三百一十一条第二款，舍弃判决、认诺判决在判决主文尚未作成书面形式时就可以宣告。而根据第三百一十三条之二，法院作出舍弃判决、认诺判决的，无须在判决中说明事实要件和裁判理由。

五、不经言词辩论的判决

德国在1915年的《减轻法院负担条例》中第一次规定了适用书面程序的判决，1976年的《德国程序简化法》后，《德国民事诉讼法》新增加第一百二十八条，进一步发展了不经言词辩论的判决程序。2001年的民事诉讼改革对第一百二十八条作出修改，规定了经当事人同意，法院可以不经言词辩论而作出裁判，仅当诉讼状况发生重大变化时，当事人才可撤回其同意。

除了《德国民事诉讼法》第一百二十八条的规定，德国的小额诉讼程序也容许不经言词辩论作出实体判决。根据《德国民事诉讼法》第四百九十五条之一，对于争议价额不超过600欧元的案件，法院可以依公平裁量确定其程序。所以，德国的小额诉讼程序也被称为“裁量型程序”，其突出的特点是法官享有的程序裁量权，包括自由决定程序是以书面还是口头的方式进行，对案件是公开审理还是不公开审理，是否按照民事诉讼中规定的程序流程组织诉讼。不过，按照法律规定，若当事人向法院提出言词辩论申请，则必须进行言词辩论。

日本民事诉讼中同样规定了不经言词辩论的判决。根据《日

① 参见［德］罗森贝克、施瓦布、戈特瓦尔德：《德国民事诉讼法》，李大雪译，中国法制出版社2007年版，第1004~1012页。

本民事诉讼法》第七十八条、第一百四十条、第二百九十条的规定，对于无须进行言词辩论的案件，也例外地认可未经言词辩论之判决。

六、准备型言词辩论中的判决

准备型言词辩论中的判决，是对庭前程序的就地取材，由法院在适于判决时直接作出判决。《德国民事诉讼法》规定了早期首次期日和书面准备程序两种准备程序，但事实上，书面准备程序并不单纯局限于为主期日准备的功能。在口头形式的早期首次期日中，如果法院认为案件的裁判时机已经成熟，则可以在该期日内作出判决。此时的早期首次期日被作为唯一的主期日加以使用，换言之，早期首次期日此时便不再是一个为主日期做准备的前置阶段，而是作为主期日本身发挥作用。

在《日本民事诉讼法》中，相比于书面准备程序，准备型言词辩论通常被认为是准备程序的主流形态。因为法官在其中可实施的诉讼行为没有任何限制，该程序又是在公开法庭上进行的，被作为口头审理程序的一部分。① 所以，《日本民事诉讼法》亦允许在准备型言词辩论中直接作出判决，而不必经过正式的庭审。在这种准备型言词辩论中，由法官一面进行某种程度的证据调查，一面对争点及证据进行实质的整理，而一旦当事人无法举证，法官就可以随时作出判决、终结诉讼。②

七、基于案卷状况的判决

所谓基于案卷状况的判决，又称基于诉讼记录的判决，是指

---

① 参见段文波：《庭审中心视域下的民事审前准备程序研究》，载《中国法学》2017 年第 6 期。

② 参见［日］新堂幸司：《新民事诉讼法》，林剑锋译，法律出版社 2008 年版，第 353 页。

受诉法院根据已经进行的诉讼状态、当事人提出的书状内容以及此前已实施的证据调查结果作出的本案判决。在德国，基于案卷状况的判决包括两种情况：一是按照《德国民事诉讼》第二百五十一条之一第一款的规定，在双方当事人缺席期日或者未进行辩论时，法院可以根据案卷进行裁判；二是按照《德国民事诉讼法》第三百三十一条之一的规定，在一方当事人缺席言词辩论期日时，对方当事人可以申请根据案卷情况进行裁判，从而代替缺席判决。

基于案卷状况的判决的特殊之处，在于引发该裁判的程序以及其所依据的裁判基础。由于其主要考虑书状、调查笔录、已经进行过的言词辩论等，所以该程序可能部分是言词性的，部分是书面性的。前述的两类基于案卷状况的判决都受到《德国民事诉讼法》第二百五十一条之一第二款的约束，因此，可以认为该种判决的条件有三个：一是达到可以裁判的程度。基于案卷状况的判决本质上仍为本案的终局判决，需要达到通常终局判决所需要的裁判成熟度。换言之，受诉法院在对作为判决基础的诉讼资料进行事实判断与法律评价后，认为基于现有的结论，已能作出对于当事人之间纠纷的解决有法律意义的判决，即便再组织当事人开庭续行口头辩论也很难得出与之相反的结论。① 二是必须已经在早期的期日中进行了言词辩论。因为每个缺席当事人都应当有过对事实和法律争议状况进行陈述的机会，并且法院也能通过言词辩论获得某种心证，帮助其判断案件是否达到可以判决的程度。三是不具有《德国民事诉讼法》第三百三十五条的事由。《德国民事诉讼法》第三百三十五条规定了不得作出缺席判决或基于案卷状况判决的五种情形，如对于缺席当事人未依法进行传唤的，再如

---

① 参见占善刚：《当事人缺席的基本性质与科学规制——基于比较法上的分析》，载《法学论坛》2023年第4期。

对于缺席当事人未及时以书状形式向其告知对事实的言词陈述或申请的。①

类似的制度也体现在《日本民事诉讼法》中。根据《日本民事诉讼法》第二百四十四条的规定，在当事人同时缺席时，受诉法院可以考虑作出基于审理现状的判决。早在 1965 年，日本最高法院的判例已经明确表示，即使双方当事人均缺席续行的庭审期日，只要受诉法院认为基于诉讼状态可推断当事人已用尽其所有的攻击或防御手段，则可终结口头辩论，作出终局判决。1996 年日本制定新《日本民事诉讼法》时，在借鉴《德国民事诉讼法》的基础上新设了基于审理现状判决的制度。为作出该终局判决，受诉法院需综合考虑案件审理现状以及当事人进行诉讼的状态——不仅要考虑作为判决基础的诉讼资料的收集状态，更要考虑诉讼进行中是否已经给予双方当事人充分的程序保障。一般认为，如果当事人已经获得充分的提出攻击或防御方法的机会，只是由于当事人懈怠而导致判决所需的诉讼资料不能进一步收集时，受诉法院可以根据现有的诉讼资料作出判决。

① 参见［德］罗森贝克、施瓦布、戈特瓦尔德：《德国民事诉讼法》，李大雪译，中国法制出版社 2007 年版，第 786~791 页。

第二节　庭前判决的现实需要

考虑到当下法院对于案件前端化解的需求，庭前判决作为一种诉讼内的前端性化解、法律性化解路径，其现实意义是不言而喻的。

我国现有的诉讼结构，是通过庭前程序来促使庭审集中，其实预先假定了所有案件的事实均需要经过专门的整理才能暴露出核心争点，法官需要经过准备、调查、辩论等循序渐进的过程才能在脑海中拼全事实的拼图。然而，简单案件是普遍存在的——"就我国民事纠纷的构成以及实际状态而言，绝大多数的民事案件是简单纠纷，包括大多数案件的内容并不涉及权利义务的争议而仅是义务如何履行的问题，同类型的纠纷重复发生的比例也非常大。非经审判程序难以达成正义的案件，仅占全部案件中的少数。即使是复杂的法律争议案件，如果从争议利益的价值来衡量，那么它们大多与正规程序的成本不相符合，将这些案件分流到简易程序或分流到诉讼外渠道有其合理性。"① 在民事纠纷解决的实践中，简易程序始终面临着简易程度不够的批评，大量简单案件找不到适宜的程序出口，不利于纠纷的快速实质解决。

从我国目前实践来看，我们所进行的程序简化表现在三个方

① 王福华：《民事案件管理制度评析》，载《法学论坛》2008年第2期。

面：一是程序形式的灵活，如采用微信视频或微信群聊开庭；采用“门诊式”庭审，让法官像医生门诊看病一样集中时间批量审理案件；采用“令状式”裁判实现裁判文书当庭制作、当庭送达。① 二是程序内容的简略，比如，删减庭前程序的内容，在当事人不需要答辩期时径行开庭，也无须提前进行开庭公告；再如，简化庭审的内容，对事实基本查清、权利义务基本明确的案件不再组织法庭辩论。三是程序期间的缩短，例如，速裁程序内的答辩期、举证期和审限等期间被进一步压缩，并且因为形式和内容上便宜行事，庭审用时往往也较短。②

以上程序简化的设计均是基于“简单案件—非简单案件”的分类之上的。这种将案件分为简单和非简单案件，并将简单案件分流到简易程序或调解渠道的做法有其效果，但也存在问题。实践中，判断案件是否简单，是一种基于有限诉讼资料的预想。例如，根据《民事诉讼法》第一百六十条“基层人民法院和它派出的法庭审理事实清楚、权利义务关系明确、争议不大的简单的民事案件”，适用简易程序的规定。但是，特定案件如何被归为简单案件，并不是总能在诉讼的起步阶段作出判断的。通常，法院需要结合原告和被告双方的主张，甚至还要依赖双方提出的证据，才能对案件是否符合“事实清楚、权利义务关系明确、争议不大”这三个特征作出判断，所以这种判断无法脱离具体的诉讼和双方动态的攻击或防御为之。而现实中，考虑到强制答辩、证据失权等约束机制的不足，法院在庭前程序中掌握的信息是不充

① 参见李汝健、胡曲云：《深圳法院推出简易民商案件速裁改革》，载《人民法院报》2013 年 8 月 4 日。

② 参见《山东省高级人民法院关于印发民事诉前调解程序和民事速裁程序若干规定（试行）的通知》（鲁高法〔2019〕29 号）、《江苏省高级人民法院关于在基层法院开展民商事案件速裁工作的意见》（江苏省高级人民法院审判委员会会议纪要〔2016〕9 号）。

足的，那么在开庭审理之前判断案件是否简单，就带有一定的静态性、预测性，故这种分类方法可被称为“前端静态分类法”。

相比之下，程序若是不以案件简单与否作为分流标准，而是以判决所依据的事实需要辩明还是得以自明为标准，似乎更有利于法院在具体的诉讼中灵活地依案件决定程序。诉讼中，法院通过审查当事人主张可以明确判决所需要的事实是否需要经过证明程序，基于此，辩明的事实与自明的事实需要匹配不同的程序。对于事实辩明类的案件来说，由于双方当事人对事实存在争议，法院需要举证、质证和辩论的程序来对事实真伪作出实质判断。对于事实自明类案件来说，即便该案件在诉讼的开始阶段不属于现有标准下的简单案件，若其在庭前程序中已经消除了争议性，那么也可以诉诸庭前判决，快速获得判决结果。这种以判决所依据的事实需要辩明还是得以自明为标准的案件分类方法，可以被称为“前端动态分类法”。

在民事诉讼程序的实际运行中，事实自明类的案件总是存在的，在未确立适时判决理念、建立庭前判决机制的情况下，事实自明类案件往往选择调解作为与之匹配的程序。一般而言，法院调解是法院在当事人双方达成合意时的结案方式，判决则是一种强制性的纠纷解决方式，是法院在当事人意见不统一时居中裁判作出的权利义务安排。法院调解和法院判决有各自发挥作用的领域，分别在合意型和强制型的情境中发挥纠纷解决的功能，两者不仅并行不悖，并且还有互相配合、互相补充的效果。对于事实自明类案件加大调解力度，可以有效降低当事人的解纷成本，也有利于防止矛盾激化，因此，必须要将调解置于解纷的基础和优先地位。但同时应当看到，第一，对事实自明类案件确立庭前判决制度，可以令庭前程序承接当事人难以达成调解意愿的案件并作出判决，而不用将此类案件推送至开庭审理环节，让诉调对接更加顺滑、更有效率；第二，通过对部分典型案例作出庭前判决，确立起类案的评价和处理规则，便于更好引导和管理其他案件中当事人的预期，积极促成调解；第三，庭前判决制度的确立，完善了庭前纠纷解决的制度供给，便于法院引导当事人结合具体情况作出最优的程序选择，能在更高水平上贯彻调解自愿原则，充实涉诉群众的司法获得感。

第三节　庭前判决的正当程序

庭前判决机制的建立，除了基于我国的现实需要，还得符合法理上的程序正当要求。程序对于法律秩序的作用主要有整理过滤、疏导矛盾、科学裁判、吸收不满、践行法律和发现问题六个方面。[①] 总之，正义不仅要实现，还要用一种看得见的方式实现。但是，程序的正义性并不是与生俱来的，程序性不直接等同于正义性。在以当事人为程序主体的视角下，对待程序正当的观念应当从“固有的程序正义”转变到“选择的程序正义”。

一、从“固有的正义”到“选择的正义”

程序于当事人，既可能是一种保障，也可能是一种惩罚。程序如何得以正当，很大程度上依赖当事人程序选择权的行使，它既正向地许可了当事人自由，同时在反方向上限制了恣意，防止

① 参见季卫东：《程序比较论》，载《比较法研究》1993 年第 1 期。

了突袭。

（一）实体与程序之间的选择权

实体真实一般是指结果真实，即案件的处理结果最大限度地符合客观实际，包括事实认定与法律适用的准确无误。所谓程序合法，主要是指过程的合法，诉讼的每一环节均严格地遵循了现行法的规定。在实体真实与程序合法之间，不少学者认为程序合法无疑是第一位的，其论据主要包括：一是程序合法是达到实体真实的保障，程序合法可以有效地限制和排除法官恣意、擅断，只有真正做到程序合法，才有可能最大限度地接近实体真实。二是如果诉讼程序本身契合公正价值的要求，那么在裁判的结果与案件的实体真实不尽吻合之时，程序合法仍然可以使裁判结果发挥正统性的功能。① 然而，还有一种观点与之对立，认为程序规范自身并没有承载其目的，辩论和证据调查只是作为判决的基础才有价值，它们应当为判决做准备。换言之，程序规则本身不是目的，只是实现程序目标的手段。为了自身而存在的形式主义不具有任何的法律价值，有充分理由认为违反目的地坚持形式概念是值得怀疑的。②

程序观念的地位一度有超过实体正义的趋势，与民事诉讼改革之初程序观念相对淡漠的现实有很大的关系，改革为“矫枉”而必须“过正”。抛开这种外在因素的影响，实体正义与程序正义并不是互相冲突、非此即彼的关系，实体正义不排斥遵守程序，其对立面是实体不正义；程序正义亦不能单独成为司法追求

---

① 参见赵钢：《正确处理民事经济审判工作中的十大关系》，载《法学研究》1999 年第 1 期。

② 参见［德］米夏埃尔·施蒂尔纳编：《德国民事诉讼法学文萃》，赵秀举译，中国政法大学出版社 2005 年版，第 5~6 页。

的目标，单单突出程序正义，可能会带来我们不愿看到甚至难以为社会所接受的现实偏移。

在我国台湾地区，在树立当事人程序主体地位的思路下，立法与理论上主张合理扩张程序选择权，使当事人双方在审理原则、本案内容及纷争解决方式方面，得以合意形成审判程序及审判内容，更加实质地参与形成程序。其“民事诉讼法”赋予当事人程序选择权，明显指向于对实体利益与程序利益的平衡，在平衡两种利益的基础之上确定真实、寻求“法”之所在，而非单纯为追求客观真实或贯彻客观实体法。以审理原则之选用为例，通常认为，民事诉讼采用直接审理及言词审理是为贯彻法治要求，但是在特定情形实行间接审理、书面审理，可节省不必要之劳费付出，有利于维护程序利益。鉴于其有助于维护系争标的外之财产权、自由权，并避免实体利益的损耗，故赋予当事人对上述原则的程序选择权，使其有机会衡量两种利益并自主取舍。在此情形中，虽然法院判决所确定之事实未必符合客观真实，但因其审理过程之形成及审判内容之确定，已经经过双方当事人的自主参与，所以当事人对于裁判结果较为信赖，亦可以期待其对裁判结果更为信服。其结果是，在该容许范围之内，向来认为的程序法定原则已受相当之修正，而导致程序上规制的松绑。当然，这种松绑必须以不损害第三人和社会公共利益为前提。

（二）程序与程序之间的选择权

程序主体地位的核心是其选择权，承认程序选择权是落实适时审判请求权的保障。从当事人的角度来看，当事人对于自己利益的追求呈现出多元化的趋向，对民事纠纷的解决存在着各不相同的预期。程序与程序之间的选择发生在判决程序与替代性程序之间，要坚持调解优先，充分发挥调解在纠纷解决中的基础性作用，积极引导当事人选择调解，做到应调尽调、能调尽调，实现

"案结事了人和"；同时，贯彻自愿原则，在确无调解结案可能的情况下，尊重当事人选择诉讼程序的意愿，当判则判，不能久调不决。

程序与程序之间的选择，也发生在诉讼程序内。即便是选择了诉讼程序，程序的需求也是多元化的。民事诉讼虽然是当事人获得权利救济的重要途径，但其严格的法定性决定了民事诉讼极强的形式性和程序性色彩。当事人一旦选择诉讼作为救济方式，就必须接受诉讼过程形式化的约束，从时间上看，这可能是一个冗长的过程，当事人不得不承受诉讼过程中物质及精神上的消耗。因此，当事人在进行民事诉讼的过程中始终会面临一个问题，即在不同的诉讼阶段面对解决纠纷的可能性时应当如何取舍，选择最符合自身利益的时点正式终结诉讼程序。这一选择取决于当事人对诉讼成本以及诉讼结果的预期，带有很强的主观性。现代的民事诉讼立法应当顺应此种需求，为当事人提供进行选择的条件，司法过程中理当为当事人合法利用程序开拓制度性的空间。

"旧的程序主义特别强调程序的形式理性和形式正义……所谓新程序主义，就是要从个人的自主性程序行为的角度，重新认识程序的形式性与实质性之间的关系以及法律秩序建构的机制；坚持价值多元的条件设定，因而更强调沟通过程中的反思理性，更强调通过一定程序之中的论证性对话和意见竞争达成实质性共识。"① 就庭前判决的建构而言，法律上应预先设定一些前提条件，使当事人在符合这些要件时得以申请庭前判决；法院亦可以在存在法定情形时径行作出庭前判决。在区分不同案件情况、尊重当事人意志的前提下，促使民事诉讼程序能够适时、恰当地终

① 季卫东等：《中国的司法改革：制度变迁的路径依赖与顶层设计》，法律出版社2016年版，第50~51页。

结纠纷。

（三）选择权行使中的诉讼突袭之防止

程序正当的实质是排除恣意因素，为正确判断创造条件，而要从实质上排除恣意、保障权利的行使，就需要权利行使的自愿与自由。因此，权利者的知情权、参与权、发表意见的权利必须得到充分保障。由此也可以说，程序正当是充分信息下的程序选择权。

从现代程序的基本原则来说，现代程序坚持四个基本原则，即正当过程、中立性、条件优势、合理化。其中，正当过程的最低标准是：公民的权利义务将因为决定而受到影响时，在决定之前，其必须有行使陈述权和知情权的公正的机会。① 从程序主体性的角度来说，程序保障意味着对于关涉当事人权益、地位的审判，享有程序主体权者应被赋予参与该审判程序的机会，也即进行充分攻击或防御、陈述事实及法律上意见的机会，借以影响裁判内容的形成。由此，程序主体避免受对方突袭及防止来自法院的突袭性裁判，才不至于在该程序上沦为受支配之客体。②

具体到庭前判决中如何防止诉讼突袭，仍要从法官的释明义务着手。首先，需要法院督促当事人尽早提出主张，并准确把握案件事实是否达到自明的状态。其次，在诉诸相应的庭前判决机制之前，应当向当事人充分阐明其主张之法律上的意义，以及不补充、不修正其主张所带来的程序上的后果。最后，在当事人充分了解信息并坚持原有主张的情况下，法院作出庭前判决以终结诉讼程序。

---

① 参见季卫东：《程序比较论》，载《比较法研究》1993 年第 1 期。

② 参见邱联恭：《程序选择权论》，我国台湾地区三民书局股份有限公司 2000 年版，第 5~14 页。

二、从“庭审必备”到“庭审后备”

不论英美法系还是大陆法系，以“庭前程序+开庭审理”为基本结构的庭审中心模式都属于民事审判的“顶配”，其是以繁难案件为对象进行的程序设计，并且只有针对繁难案件才能显示出程序设计上的科学理性。因此，判决程序必须在此之外另行寻求简案快审的方式，程序在完善的过程中存在两种方向：一种是“庭审后备”形态，即只有对庭前未能裁判的案件，才组织开庭审判；另一种是“庭审必备”形态，即在保有庭审阶段的前提下进行程序瘦身。

“庭审必备”的观念虽然在我国民事诉讼中较为普遍，但其理论依据并不十分充分，在实际执行中也容易发生异化。庭审并非一律必要，而只是一个后备选项，法院实体判断的前移是大势所趋。假如程序规则上能突破现有的“庭审必备”的束缚，那么纠纷解决便能够从这种形式完整性的要求中解脱出来，可以更加实际、灵活地解决当事人的具体需要。而突破了“庭审必要”观念的民事审判，并不会就此滑向有损当事人权益的程序虚无主义，因为当事人的权益是由具体案件中的当事人具体衡量的，程序的正义性亦是以当事人自主充分地行使选择权为基础。

整体而言，若不追根溯源地考察“庭审必备”的理由，我们就可能偏离开庭的实质目的。基于前文的研究，对审理环节的构建是为了满足判决的正当性要求，而判决的正当性有双重来源：一是实体方面，法官掌握了足以作出判决的诉讼资料；二是程序方面，作为判决基础的诉讼资料的收集过程具有正当性。现实中，对判决正当性的解读有时会出现偏差——法院为把握实体而进行的案件审理，被简单地等同于开庭审理环节，而获取诉讼资料的正当程序，也被直接化约为开庭程序。这种“无开庭则无审理”“无开庭则无判决”的观念成因复杂，为此，从实体和程序两个方面纠正“庭审必备”中的认识偏差，对建立庭前判决而言就有其必要性。

（一）实体层面的检视

比较法上，如果说庭前设置发现程序构成美国民事诉讼演化的转折点，那么给大陆法系民事诉讼发展带来深刻变革的，则是庭前准备功能的引入。例如德国，在转向口头审理之前，开庭要囊括现今庭前程序中的争点和证据整理等事务，故而涵盖面较广。可正是因为庭前与庭审的二阶分工，开庭的内容发生限缩，开庭的功能定位才与英美趋同——美国官方统计中将庭审定义为“提交证据的对抗程序”①；德国学理上也认为，只有通过前置的信息交换和法官阐明未能充分澄清的主要争点，才成为证据调查和辩论的对象②。

开庭是发现事实的途径之一，不过开庭于实体审理不总是必要的，因为案件事实不总是需要通过开庭程序来辩明。以下以两类情况为例说明。

第一，案件不存在实质对抗则没有开庭的必要。首先，如果开庭之前当事人作出认诺，则辩论丧失意义，此时法院因辩论主义原则而受认诺的约束，可以不经开庭而作出认诺判决。其次，双方就具有裁判显著性的事实没有实质争议时，也没有开庭审理的必要，因为只有具有裁判显著性的事实才需要得到证明。值得注意的是，庭审辩论毕竟不同于日常语义上的“辩论”，它以帮

---

① Marc Galanter, “The Vanishing Trial: An Examination of Trials and Related Matters in Federal and State Courts,” *Journal of Empirical Legal Studies*, Vol. 2004(1), p. 461.

② 参见［德］罗尔夫·施蒂尔纳：《当事人主导与法官权限——辩论主义与效率冲突中的诉讼指标与实质阐明》，周翠译，载《清华法学》2011年第2期。

助法官判断事实为导向，如果当事人只存在情绪上的对立、枝节上的争执，庭审辩论就失去了影响实体判断结果的意义。

第二，其他并行价值大于事实发现的价值时，开庭也非为必要。虽说事实发现构成法院审理的固有内容，法院裁判多数时候也以纠纷的本来面貌为依据，但鉴于现代社会价值多元化的特征，法院审理的案件中，不是所有案件均是面向过去、执着于事实发现的。典型的例子是人身关系诉讼，相比于揭示过往真相，法院可能更着重于考量解纷方案本身的效果，寻求的是更可为双方当事人接受的未来。例如，德国的小额诉讼，由法官自由裁量决定其程序，依申请才为言词辩论，这其中，解纷效率的价值在很大程度上超过了探求真相的价值。

总之，考察开庭审理的实质含义仍要回到“为什么而开庭”这一起点上。判决的事实基础有事实辩明和事实自明之分，而开庭审理的程序设计，明显针对的是双方有实质争议、需要进行证据调查和辩论的情况。反过来说，也只有事实辩明的案件，才有必要依赖开庭审理的形式，通过正当程序形成实体结论。如果不以开庭审理的功能内核为附着点，开庭就有沦为一种不解决真实问题的仪式的风险。若法院开庭只是单纯地重复其在开庭前获取的信息，那么此种“开庭”则不具有开庭的实质，甚至不能算是审理。

（二）程序层面的检视

即便法院审理不总是需要借助开庭，主流观点仍坚持“无开庭则无判决”，原因是开庭被赋予的程序性地位，要求法院判决的基础资料来自庭审，法官的实体心证也形成于庭审。然而，在庭审并非唯一的事实发现场所时，对所有案件提出“心证形成于庭审”的要求可能是不符合实际的。再者，公开、直接、言词原则的产生与确立有其特定语境，如今，三大原则与正确发现事实之间的关联已经趋于薄弱，通过开庭来贯彻三大原则的重要性也不复从前。

1. “心证形成于庭审”的角度

“心证形成于庭审”是大陆法系从英美法系引进庭审中心主义而一并吸收的副产品，其本意是在连续进行的庭审中，作为事实判断者的陪审员只接收经过庭前程序过滤的、出现在开庭程序内的信息。可这一规则在大陆法系的审判中会遇到阻碍，因为“心证形成于庭审”只适用于严格的集中审理。

我国民事诉讼制度起初要求“心证形成于庭审”，主要是基于防止先入为主、增强司法公开的目的，强调“当庭”的重要性还因为庭审与当事人主义的绑定关系。① 在此方面的代表性观点认为，开庭审理才能让当事人履行举证义务。但其实，庭前的诉讼活动本不能直接与职权主义等同，法官在庭前程序接触诉讼资料不代表偏听或者偏见。若期待仅仅借助开庭就实现当事人主义，避免职业法官受到外部的干扰，恐怕是用一种程序形式简单化约了现实世界的复杂。

2. 公开原则、直接原则、言词原则的角度

公开审理、直接审理、言词审理是对抗制的内在要求，它们在英美法上的原则性地位，最初是缘于它们对事实发现的价值。简而言之，公开审理对于当事人、证人的虚假陈述有震慑意义；而采用口头审理、避免书面审理，最初是因为陪审员的文化程度普遍不高，后来言词原则才与直接原则相关联，使审判者当面、直接审查证据以便识别真伪。如今，三大原则对于事实发现的意义有所减弱，这在相当程度上缘于证据形式的变化，即现代商业

① 参见王亚新：《民事诉讼准备程序研究》，载《中外法学》2000 年第 2 期；蒋惠岭：《重提“庭审中心主义”》，载《人民法院报》2014 年 4 月 18 日。

社会中的交往普遍有书面痕迹可循，证据更多地体现为纸质的或电子的记录。证据形式的变化又导致事实发现对证人证言的依赖下降，证据的判断更多地借助鉴定等技术手段，口头、直接审理的重要性由此减弱。① 同时，对抗制的整体衰落也影响了三大原则的地位。② 曾被作为事实发现完美机制的对抗制，在 20 世纪遭到了较多的抨击，其揭露事实真相的种种设计受到较大的质疑。③ 当对抗制走下“神坛”，就不得不接受现实社会中的实用性评估，而对抗制高成本的特质决定其难以成为法官或当事人的首选。

再考察大陆法系国家的情况，公开审理、直接审理、言词审理本不是大陆法系诉讼结构内生的原则，故其更容易因为外部环境的变化而发生动摇。在德国，19 世纪后半叶转向口头审理，首先，纠纷复杂化之后，通过书状交换来审案显得耗时耗力；其次，由于书状审理具有非直接性，可能不利于事实发现；最后，书面审理也难以贯彻公开原则。④ 但伴随三大原则与事实发现的正确性逐渐脱钩，现今普遍是从方便诉讼、高效快速的角度来说明口头和直接审理的意义，从权力受监督的角度说明公开审理的价值。⑤ 有鉴于此，开庭的必要性就面临两种质疑：第一，以保障社会监督为目的的公开原则，不再像过去那样需要以开庭作为

---

① See John H. Langbein, *The Disappearance of Civil Trial in the United States*, Yale Law Journal, Vol. 2012(122), p. 522.

② See Arthur R Emmett, *Towards the Civil Law: the Loss of "Orality" in Civil Litigation in Australia*, UNSW Law Journal, Vol. 2003(2), p. 26.

③ 参见［德］托马斯·魏特根：《刑事诉讼致力于事实真相么——一个德国人的视角》，吴宏耀译，载何家弘主编：《证据学论坛》（第十卷），中国检察出版社 2005 年版，第 508~510 页。

④ 参见段文波：《一体化与集中化：口头审理方式的现状与未来》，载《中国法学》2012 年第 6 期。

⑤ 参见江伟主编：《民事诉讼法学原理》，中国人民大学出版社 1999 年版，第 614~616 页。

载体。录音、录像、直播平台、文书上网等手段的普及，消除了审判全流程公开在技术上的难度，开庭只是贯彻公开原则的方式之一。第二，因为效率因素而被采用的原则，同样也可以因为效率因素而被弃用。例如，《德国民事诉讼法》第一百二十八条第二款，允许法院在得到双方当事人同意时使用书面审理。再例如，《德国民事诉讼法》第一百二十八条之一，以诉讼经济为由突破了直接原则，许可当事人、证人、鉴定人、参加人使用视频通讯代替亲自出庭。

由此视之，假如案件本身没有进行庭审的需要，也不会仅仅因为开庭这一程序形式的存在而使审理或判决变得更具有正当性，就像口头审理原则，如果不是和开庭的辩论属性结合起来，那么用文书形式还是用言词形式，在给裁判者提供信息的角度上没有什么区别。所谓的通过程序形成实体，针对的是事实不明、争议较大的复杂案件，此时让程序相对独立于实体，依靠事实认定程序的正当来为判决的正当背书，是一种将实体难题转化成程序技术的策略。但考虑到实践中多数案件的情况，庭审应当是作为一种后备性质的程序而存在。

（三）小结

民事诉讼是当事人获得权利救济的主要途径之一，通过司法权的作用可以形成一个以国家强制力为后盾的最终结论，即民事判决。但是，判决的作出并非必须要求走完全部的诉讼程序，以判决来终结程序在庭前阶段同样有其必要性、可能性和价值意义。综观两大法系，理论上均认可未经开庭或未经完全开庭的判决，司法实践中也大量采用庭前判决快速解决纠纷。

现代司法的重大命题之一就是如何降低司法成本、合理利用司法资源，庭前判决能在很大程度上缓解各国普遍面临的“诉讼爆炸”的压力。庭前判决制度的建立为不同类型民事纠纷的解决提供了多种可能性，由当事人和法官根据具体的情况选择和决定，从而保证不同的纠纷能够在合理的诉讼阶段得到正式的解决，避免程序陷入空转。因此，对于案件负担日益沉重的司法系统来说，庭前判决能够解决相当一部分的现实问题。当然，要使庭前判决制度真正落地，还需使相应的程序能够充分保障当事人的主体地位以及各项程序性、实体性的权利。这就涉及将原本适用于整体诉讼程序的程序保障观念、机制融入庭前程序，使之能够肩负起应由其肩负的解决纠纷的功能。